LANGSAM WERD' ICH UNGEMÜTLICH!

STEFAN WAGHUBINGER

LANGSAM WERD' ICH UNGEMÜTLICH!

Philosophische Betrachtungen über den Unsinn des Lebens

Mit Cartoons von
Andrea Waghubinger

PROLOG

Ich würde Ihnen gerne den Kabarettabend *Langsam werd'
ich ungemütlich!* beschreiben. Eigentlich wäre es ganz einfach: Ein Mann kommt in eine Kneipe und fragt: »Ist hier
noch was frei?«, und dann setzt er sich hin und erzählt aus
seinem Leben. Aber das klingt wie ein Witz: »Ein Mann
kommt in eine Kneipe ...«, das klingt wie: »Ein Kamel
kommt in eine Bar ...« Und auch der zweite Teil »Ist hier
noch was frei?« klingt wie ein Witz, denn frei ist in dieser
Welt schon lange nichts mehr.

Ich mach es trotzdem so. Ein Mann kommt in eine Kneipe
und fragt: »Ist hier noch was frei?« Dieser Mann, der da auf
die Bühne kommt, sieht übrigens genauso aus wie ich und
heißt auch so. Waghubinger. Trotzdem ist er ein bisschen
anders als ich, aber irgendwie sind wir ja alle ein bisschen
anders auf der Bühne oder im Leben, als wir in Wirklichkeit sind.

Was diesem Typen auf der Bühne passiert, ist mir meistens noch nicht passiert, aber es hätte mir passieren können.
Sie werden seine Fehler bemerken und denken: »Oh, wie
dumm« oder: »Glück gehabt, dass mir das nicht passiert
ist.« Das müssen Sie von Fall zu Fall selbst entscheiden.

7

Wissen Sie, dieser Waghubinger auf der Bühne möchte alles richtig machen. Wie die Steintafeln, in die Mose die Zehn Gebote eingemeißelt hat, stehen die ganzen Lebensratgeber und Beziehungsratgeber mit ihren Tausenden Geboten für ein glückliches Leben und eine harmonische Beziehung vor ihm. Oder rund um ihn herum. Und er kann sich kaum noch bewegen. Deswegen sitzt er auch auf dem Hocker und redet. Weil er eingesperrt ist, versucht er, sich rauszureden.

Langsam werd' ich ungemütlich! heißt das Programm. Der Satz kommt aber sonst nicht vor. Er ist wie ein Kochrezept, nach dem die Suppe gekocht wurde, und man will ja nicht das Rezept in der Suppe finden. Nicht einmal ein Haar will man in einer Suppe finden.

Ich habe einmal in einem bayrischen Restaurant eine Kartoffelsuppe bestellt, mit Haar. Bestellt habe ich sie natürlich ohne Haar, aber geliefert wurde sie mit. Ich wartete also, bis der Wirt, der auch Koch und Kellner war, wieder bei mir vorbeikam und sagte recht freundlich: »Entschuldigung, da ist ein Haar in der Suppe.« Darauf fragte er mich: »Wo?«, und ich sagte: »Hier in der Ecke« (was ziemlich dumm war, denn ein Suppenteller hat keine Ecken). Darauf sagte der Wirt: »Ja, wenn Sie danach suchen, werden Sie immer ein Haar in der Suppe finden!«

Ich dachte darüber nach, und er hat schon recht gehabt. Wenn wir danach suchen, werden wir immer ein Haar in der Suppe finden. Wir Kabarettisten machen das ja auch. Haare in der Suppe suchen, und wir finden immer irgendwo eins. Und das hat einen einfachen Grund: Weil eins drin ist.

Ich habe dem Wirt trotzdem ein Trinkgeld gegeben und nach dem zweiten Schnaps sind wir fast Freunde geworden. Ich durfte dann sogar in die Küche und die war wirklich gemütlich. Nur offene Töpfe, keine Dampfdrucktöpfe. Na ja, da kann schon mal ein Haar hineinfallen. Alte grüne Kacheln und eine dunkle Holzbank, die ums Eck ging. Keine von diesen ungemütlichen Edelstahl-Großküchen, die aussehen wie ein Schlachthof. Wirklich eine gemütliche Küche, die hätte Ihnen gefallen. Kein Druck und kein Dampfdrucktopf.
Ein Dampfdrucktopf baut Druck auf, damit es schneller geht. Damit wir schneller durch sind, mit unserem Essen, mit unserer Schule, mit unserer Arbeit und mit unserem Leben. Man nehme unsere heutige Gesellschaft, füge alle Ansprüche hinzu, die sie an uns hat, und verrühre sie mit den Ansprüchen, die wir selber an uns haben. Das Ganze gebe man in einen Dampfdrucktopf und lasse es köcheln, bis der Druck langsam zunimmt. Und der Druck scheint langsam zuzunehmen. Längere Arbeitszeiten, hektischeres Privatleben, Diäten, Schönheitsoperationen, und wenn das alles nichts bringt, soll wenigstens die Beziehung glücklich machen oder vielleicht der liebe Gott. Sogar das Sterben unterliegt einem Leistungsdruck. Wer sich ein Leben lang darauf vorbereitet hat und jeden Tag

so gelebt hat, als wäre es der letzte, stirbt zufrieden, sagt man, und wer nicht, ist selber schuld. Diese Suppe haben wir uns nicht selbst eingebrockt, aber wir müssen sie auslöffeln.

Gemütlichkeit heißt, langsam sein dürfen, Zeit haben, Fehler machen dürfen, gerne mehrmals. Leider leben wir in einer ungemütlichen Gesellschaft und werden selbst langsam ungemütlich wie die Kartoffeln, die sich in der Suppe langsam miterhitzen.

PS: Ich habe morgens vor dem Spiegel manchmal den Eindruck, mir fehlen immer mehr Haare. Vielleicht finde ich sie in der Suppe wieder.

PPS: Bevor Sie sich nun in das Buch vertiefen, sollten Sie noch eines wissen: Der zu Beginn eines jeden Kapitels optisch abgesetzte Text entspricht im Wortlaut dem, was der Mann auf der Bühne, Sie wissen schon, dieser Herr Waghubinger, bei seinem Auftritt sagt. Betrachten Sie die kleinen Auszüge als Einstimmung auf die nachfolgenden philosophischen Betrachtungen über den Unsinn des Lebens.
Doch nun viel Vergnügen!

Als Herr K. seinem
Sohn den Sinn des
Lebens erklärte, merkte
er, dass er ihn selbst
nicht kannte.

IST HIER NOCH WAS FREI?

 *Guten Abend. Ist hier noch was frei? Danke! Ich lasse meinen Koffer hier stehen. Ich habe ja alles dabei.*

Ist hier noch was frei? Fast eine philosophische Frage, die meistens vom Publikum mit einem freundlichen »Ja« beantwortet wird oder gelegentlich mit »Nein«. Die mit »Ja« antworten, haben über die Frage vielleicht nicht richtig nachgedacht. Sie meinen, dass der Hocker gemeint ist. Vielleicht sollte die Frage heißen: »Fühlen Sie sich frei?« oder: »Gibt es hier noch Freiheit?«, aber dann wäre sie zu offensichtlich.

Meistens ist es eine Frau aus dem Publikum, die mit »Ja« antwortet. Manchmal sind es auch zwei oder ganz selten gleich drei Damen, die »Ja« sagen.
Da sitzen also ungefähr 100 Menschen im Publikum und die Hälfte davon ist weiblich. Interessant. Würde man 50 Frauen in einem Gasthof fragen: »Ist hier noch frei?«, würde man von einer oder dreien ein freundliches »Ja« bekommen. Ich finde, das ist kein schlechter Schnitt und billiger und spannender als eine Partnerbörse im Internet.

Das »Nein« kommt eher von einem Mann. Ein typischer Männerscherz und nicht böse gemeint. Aber vielleicht meint er ja nicht nur den Hocker, sondern den ganzen Abend. Er wollte nicht ins Kabarett oder er musste sich etwas anziehen, was ihm nicht gefällt, oder er hat einfach sein Auto schlecht eingeparkt. Vielleicht gehört er zu den Menschen aus dem Publikum, die nicht wirklich freiwillig mit ins Kabarett gekommen sind, die mitgebracht wurden, weil jemand anders das wollte und jemand Karten gekauft hat. Menschen eben, die nicht schnell genug »Nein« gesagt haben, und jetzt holt er, der Mann, das nach.

Und dann gibt es aber auch die, die lachen. Der Satz ist ja nicht wirklich lustig, aber er verstößt vielleicht gegen manche Erwartungen, dass gleich jemand auf die Bühne kommt und fröhlich ist und laut. Das ist vielleicht schon eine kleine Erleichterung, wenn man jemandem zusehen kann, wie er die Erwartungen, die man an ihn hat, nicht erfüllt.

Manche lachen, Frauen oder Männer, hier sind sie gemischt oder eins, je nachdem, wie man es sieht. Wenn sie lachen, sind Männer und Frauen jedenfalls nicht mehr voneinander getrennt wie beim »Ja« oder »Nein«.

»Ist hier noch was frei?« Das wissen die, die lachen, auch nicht. Aber sie wissen, sie haben für diesen Abend einen Preis bezahlt und jetzt wollen sie lachen. »Ist hier noch etwas frei?«, darüber streiten Philosophen oder Psychologen oder Theologen. Alle, die mit »logen« aufhören, streiten gern. Aber die Menschen, die lachen, ahnen, sie haben zu wenig Zeit zum Streiten, denn sie haben einen Preis bezahlt.

Wir zahlen immer einen Preis, auch wenn ein anderer die Karten gekauft hat. Wir zahlen immer einen Preis, auch wenn wir nicht hier sein wollen. Wir zahlen immer einen Preis und darum sollten wir lachen oder weinen.

Manchmal will uns das Leben in eine Ecke stellen wie mich damals meine Lehrerin Frau Kirchner, weil ich nicht »Ja« oder »Nein« gesagt hatte, als sie mich fragte, ob ich das gewesen wäre mit dem hässlichen Gekritzel auf der Schulbank. »Du musst dich doch festlegen«, »Du musst doch wissen, was du willst«, »Du musst doch Stellung beziehen«, heißt es. Ja, mag sein, das mit dem Gekritzel auf der Schulbank, das war tatsächlich ich, aber hässlich fand ich es nicht. Deshalb habe ich geschwiegen, denn »Nein« wollte ich auch nicht sagen. Lügen wollte ich nicht. Nicht wegen einer Frau Kirchner und nicht wegen einer Schulbank.

Die Leute, die lachen, wissen, sie haben für diesen Abend nur ein Ticket fürs Kabarett. Vielleicht hätten sie lieber ein Ticket nach New York gehabt, aber sie wissen, dass sie an diesem Abend nicht mehr den Broadway hinuntersteppen werden.

Tickets nach New York sind ja auch etwas, was manche für Freiheit und Glück halten. Ich glaube, die meisten von uns werden nie den Broadway hinauf- oder hinuntersteppen. Ja, wir könnten, aber die meisten von uns werden nicht. So ist das eben.

Was bleibt? Das Leben nicht in »Ja« oder »Nein« einteilen, sondern ihm ins Gesicht lachen. Vielleicht erscheinen Sie dann denen, die glauben, das Leben sei unbedingt ein »Ja« oder ein »Nein« wie jemand, der die Welt falsch herum sieht. Dann lassen Sie uns doch die Welt falsch herum sehen. Die Welt falsch herum zu sehen wäre nur falsch, wenn sie richtig herum richtig wäre. Wir wissen es nicht, aber wir bezahlen einen Preis für dieses Leben.

Wären manche Multiple-Choice-Tests bei Bewerbungen oder in Zeitschriften nicht erträglicher, wenn es neben »Ja« und »Nein« als dritte Antwortmöglichkeit »Hahaha« geben würde? Und vielleicht könnten viele wichtige Fragen wie: »Hat mein Leben einen Sinn?« oder: »Schatz, liebst du mich?« damit viel ehrlicher beantwortet werden. »Ist hier noch was frei?« »Ja«, »Nein«, »Hahaha«.

Geburtstag vergessen

Ich bin abgehauen, nicht aus dem Knast ... von meiner Frau ... nein, es ist alles in Ordnung, wir waren uns ja einig ... sie hat gesagt: »*Hau ab!*« *War ja kein Streit. Zu einem Streit gehören ja immer zwei, aber ich habe ja nichts gemacht. Im Gegenteil, ich hab ihren Geburtstag vergessen, aber ist mir ja selber aufgefallen, weil ich hab zweimal hintereinander gehabt und sie noch gar nicht. Dann hab ich zu ihr gesagt, weil wir haben so einen Wandkalender in der Küche, vom Bäcker, so einen Jahreskalender:* »*Liebling, schaust mal in der Küche, kann das sein, dass du deinen Geburtstag vergessen hast?*«

Stellen Sie sich das vor ... Sie haben Geburtstag, der Tisch ist schön gedeckt, Ihre Geschenke sind liebevoll im Weihnachtspapier vom letzten Jahr verpackt, der Rauchmelder kündigt an, dass das Essen bald fertig sein wird, und Sie erinnern sich an Ihren letzten Geburtstag, als Sie auch an der gleichen Stelle saßen, und der Tisch war schön gedeckt und die Geschenke waren da, und ein bisschen Selbstmitleid steigt in Ihnen auf, weil Sie überraschenderweise doch schon wieder ein Jahr älter geworden sind. Ein bisschen Selbstmitleid. Nicht zu viel. Nein danke, nur ein kleiner Schluck, nur so viel, dass es zum süßen Duft aus der Küche passt. Heute ist ein Festtag. Ihr Geburtstag. Wie er wohl werden wird? Bestimmt wunderschön.

Und da denken Sie zurück an Ihren letzten Geburtstag und es fällt Ihnen ein, dass er ja wohl schon ein Jahr her sein muss. Ein ganzes Jahr, ein komplettes ganzes langes Jahr, 365 Tage. Und da dämmert etwas in Ihnen leise, zaghaft, dass sie, also Ihre Frau, doch auch irgendwann in diesen 365 Tagen Geburtstag gehabt haben müsste. Doch, doch, da sind Sie sich ganz sicher, auch wenn Sie das genaue Datum jetzt nicht auswendig wissen.

Ein bisschen kriecht ein Gefühl über Ihren Rücken wie bei diesen Rechenaufgaben in der Schule. Wissen Sie es noch? Sie sitzen vor dem eigenhändig errechneten Ergebnis wie vor einer Geburtstagstorte und möchten sich großartig fühlen, aber spüren doch, dass da irgendetwas nicht stimmen kann. Aber Sie haben keinen Mut, den Fehler zu suchen, denn Sie wissen, den Fehler zu kennen, hieße noch nicht, zu wissen, wie es richtig ginge. So genießen Sie das Gefühl, vor den anderen fertig zu sein und schon eine Vorahnung der Pause zu verspüren.
Ein Käsebrot haben Sie dabei und Claudia wird vielleicht wieder in der Ecke stehen und vielleicht werden sich Ihre Blicke kurz treffen, ein Augenblick Unendlichkeit. Wie lange doch so ein Augenblick sein kann. Ob es dafür eine mathematische Formel gibt? Unendlichkeit = Claudia hoch zwei Augen mal ich hoch zwei Augen minus Käsebrot?

Claudia und Käsebrot passt nicht zusammen, deshalb aß sie es immer etwas versteckt. Wovon sie sich wohl ernährt? Ein schönes Gefühl, durch die leichte Angst vor dem Ergebnis der Klassenarbeit sogar noch etwas verstärkt. Aber heute haben Sie ja Geburtstag und in der Küche steht nicht Claudia. Nein, Claudia ist lange her, und die in der Küche steht, heißt nicht Claudia, Sie haben sie einmal Claudia genannt und das war nicht gut.

Aber sie hat Geburtstag innerhalb dieser 365 Tage, das wissen Sie, und Ihr Geburtstag ist ein Jahr her, also müsste ihr Geburtstag …, das ist wirklich wie eine dieser Rechenaufgaben, die unter dem Strich ein Unheil erahnen lassen. Unter dem Strich ... das Leben zusammenzählen und unter dem Strich ein Ergebnis errechnen. Aber nicht heute, heute ist Geburtstag. Aber wann hatte sie? So tun, als wenn ich nichts ahnte, und die Geschenke bescheiden entgegennehmen und sorgfältig betonen, dass das doch nicht nötig gewesen wäre und dass man Geburtstage feiern eigentlich ziemlich blöd findet und dass jeder froh sein müsse, der nicht Geburtstag hat, weil er dann nicht schon wieder ein Jahr älter geworden wäre, und dass man ihr sowieso nicht ansehe, dass sie älter werde?

Claudia hatte am 22. Mai Geburtstag, das weiß ich noch. Ist Vergesslichsein eine Straftat oder eine Sünde? Du sollst nicht vergesslich sein. Gibt es das als Gebot? Das habe ich auch vergessen. Das ist das Tückische an Beziehungen, der andere bezieht plötzlich alles auf sich. Vergesslichsein ist keine sympathische kleine Schwäche mehr, sondern ein Zeichen, dass einem der andere nicht mehr genug bedeutet. Dabei vergesse ich doch auch Dinge, die mit mir zu tun haben, Zahnarzttermine, meine Brille oder meinen Hochzeitstag.

Namen vergesse ich selten. Vielleicht deshalb, weil ich sie mir gar nicht erst merke. Manchmal sind Menschen gekränkt, wenn ich ihren Namen vergessen habe, und das tut mir dann leid. Ich freue mich auch, wenn jemand nach mehreren Jahren immer noch meinen Namen kennt. Aber wer weiß, vielleicht hat der andere sich auch nur jahrelang über mich geärgert und weiß deshalb noch meinen Namen. Leute, die mich beleidigt haben, vergesse ich nie.

Als Bruno ihren
Geburtstag vergessen
hatte, war sie nicht
wütend, sondern nur
sehr verletzt.

MAN MUSS DARÜBER REDEN ...

Ja, man muss da drüber reden, aber sie sagt nichts, sie kriegt Tränen in den Augen. Ich war erst erschrocken, ich frag mich: »*Ist was mit dem Hund?*« *Dann wirft sie, und das hätte sie nicht machen müssen, einen Teller runter, den sie in der Hand hat – auf die Fliesen, oder nicht Fliesen, auf diese Terrakotta-Steine, wir haben in der Küche so Terrakotta-Steine vom Baumarkt, die hab ich selber verlegt. 19,95 der Quadratmeter – für so was hab ich ein Gedächtnis. Wirft sie den Teller runter, läuft aus der Küche, knallt die Tür zu, ich steh da, weiß nicht, ist das jetzt ein Ja oder ein Nein.*

Weil der Mensch als einziges Lebewesen in der Lage ist, sich durch Sprache nicht zu verstehen, muss man miteinander reden. Nicht nur alltägliche Gespräche, sondern bewusste »Ich muss mal mit dir reden«-Gespräche. Alle empfehlen das. Freunde, Pfarrer und Daily Soaps. Alle sollen immer miteinander reden. Zerstrittene Ehepaare, Südkorea und Nordkorea und Fräulein Emmrich mit ihren Pflanzen. Aber hilft Reden wirklich?

Ich kenne erfolgreiches Reden nur aus Indianerfilmen. Palavern. Die männlichen Indianer haben sich in einen Kreis gesetzt, »Hugh« gesagt und Pfeife geraucht, während die Squaws auf dem Feld gearbeitet haben. Dadurch konnte man in Frieden leben, solange es keine Probleme gab. Wenn es Probleme gab, hat man das Kriegsbeil ausgegraben und sich die Köpfe eingeschlagen, während die Squaws auf dem Feld gearbeitet haben. Wenn genügend Köpfe eingeschlagen und skalpiert waren, hat man sich wieder draußen um das Feuer gesetzt, denn im Zelt herrschte damals schon Rauchverbot, wieder »Hugh« gesagt, und die Squaws haben immer noch auf dem Feld gearbeitet. So weit die gute alte Zeit im Wilden Westen.

Aber wer ist heute schon noch ein Indianer und vor allem, wer raucht heute noch? Und da sind wir wieder beim Thema. Stellen Sie sich vor, ein Paar will aufhören zu rauchen. Silvester, man hat viel getrunken, aber um die richtig verrückten Dinge zu tun, ist man schon zu alt, also beschließt man, mit dem Rauchen aufzuhören. Morgen und endgültig. Wenn man es zu zweit macht, ist es ja leichter – denkt man.

In der Silvesternacht ist noch alles gut. In Anbetracht der nahenden Abstinenz werden zwar mehr Zigaretten als Silvesterraketen angezündet, aber am nächsten Tag hört man ja ohnehin auf. Fast fühlt man sich schon wie ein Nichtraucher, herrlich. Wenn man das gewusst hätte, wie einfach es ist, sich zu entschließen, mit dem Rauchen aufzuhören, hätte man es schon viel früher getan. Vage erinnert man sich sogar, dass man es schon oft getan hat, aber das steht auf einem anderen Zigarettenpapier. Aber diesmal ist es ja einfacher, weil man zieht es zu zweit durch.

Den Entschluss meine ich, nicht die Kippen. Alles klappt wunderbar, die Wohnung stinkt nicht mehr nach Rauch, das Essen schmeckt wieder und sie schaffen es sogar, ohne Verschnaufpause mit dem Aufzug bis in den dritten Stock zu fahren. Nur er raucht heimlich, wenn sie nicht da ist, die eine oder andere kleine Zigarette beziehungsweise heimlich die eine oder andere kleine Stange. Fast fühlt er sich in seine Kindheit zurückversetzt. Er raucht wieder heimlich wie früher als Schulbub auf dem Klo. Aber er raucht nicht auf dem Klo, das würde sie ja nachher riechen. Er raucht draußen wie die lustigen Grüppchen vor den Gaststätten, nur raucht er nicht vor, sondern hinterm Haus, denn vorne würde man ihn ja trotz Tabakqualm sehen. Natürlich darf seine Freundin das nicht wissen, das wäre ja ein Vertrauensbruch. Sie wäre enttäuscht, wenn sie wüsste, was er heimlich tut, macht es aber, nebenbei erwähnt, genauso.

Nun gehen 20 Jahre ins Land, Steuerdiebe kommen ins Gefängnis und werden wieder freigelassen, Politiker werden gewählt und wieder freigelassen und das Wetter wird wärmer oder kälter, das liegt an der Klimaerwärmung.

20 lange Jahre, in denen man manchen Streit vergessen hat und auch manchen Geburtstag oder Hochzeitstag, aber nie den gemeinsamen heiligen Beschluss, mit dem Rauchen aufzuhören. Man erinnert sich ja immer wieder gegenseitig daran, wenn man die armen Hunde aus dem immer dünner werdenden Freundeskreis bedauert, die am immer noch glimmenden Stängel hängen. Obwohl die

Beziehung vielleicht den einen oder anderen Reiz verloren hat und man sich immer öfters morgens fragt: »Sieht der oder die heute extra so aus, um mich zu ärgern?«, hat man Ziele und man hat etwas gemeinsam geschafft. Bis man sich erwischt. Der Ärger ist groß und berechtigt. Jeder denkt: »Jetzt habe ich 20 Jahre heimlich geraucht, nur weil ich dachte, dass du dich an unsere Abmachung halten würdest. Ich verzeihe dir ja, dass du wieder rauchst, aber nicht, dass du nicht mit mir darüber geredet hast.«

PS: Frauen gewinnen in der Regel den darauf folgenden Streit, weil sie hätte ihm ja gesagt, dass sie wieder raucht, aber mit ihm kann man ja nicht reden.

Lisa hatte immer öfter den Eindruck, dass ihr Gatte versucht, einem ernsthaften Gespräch aus dem Weg zu gehen.

ICH WÜSSTE EH NICHT, WAS ICH SCHENKEN SOLL.

Ich wüsste eh nicht, was ich schenken soll, wir haben doch alles, ich bin zufrieden.
Vielleicht ist sie auch zu ihrem Verein. Sie ist so Umwelt, Klimaschutz, Greenpeace, sie ist Mitglied bei Greenpeace. Sie, ich nicht, ich bin bei Bertelsmann. Aber wenn wir im Sommer abends draußen sitzen, braucht sie zwei Decken, weil es ihr sonst zu kalt ist, aber wenn das Klima zwei Grad wärmer wird, dann ist Katastrophe. Na ja, mit Logik haben es die nicht.

Schenken ist für mich Stress. Immer. Weil ich nie weiß, was. Ich bin Perfektionist. Ich möchte etwas schenken, bei dem der andere sagt: »Wow, so etwas Tolles habe ich ja noch nie bekommen.« Irgendetwas, was aber auch nicht viel kostet, denn ein bisschen geizig bin ich auch. Und Perfektionismus und Geiz sind zwei unheilige Geschwister, die jede Schenkerei zu einem Alptraum machen.

Einfach mal etwas mitbringen, so zwischendurch, ist ja kein Problem. Das kann irgendetwas sein, egal was, es sagt: »Ich habe an dich gedacht.« Aber bei einem Geburtstag oder an Weihnachten ist das anders. Das Geschenk an sich wird ja schon erwartet. Ein normales Geschenk zu schenken ist also selbstverständlich. Man sammelt damit keine Pluspunkte. Dafür braucht es ein Geschenk, das über das normale Geschenk hinausgeht. Weil es teurer ist oder persönlicher oder weil man das Jahr über genau hingehört hat, was sich der andere wünscht.

Eines vorweg: Der Zehnerpack Rosen vom Discounter ist nicht geeignet. Auch nicht als Geschenk für einfach so zwischendurch. Blumen drücken ja etwas aus. »Sag's mit Blumen«, heißt es. Was sagt aber der Zehnerpack vom ALDI? »Ich liebe dich, aber der Alltag hat unsere Beziehung verändert«?

Auch so eine Sache, die als Kind einfacher war. Wir hatten nur einen Tag im Jahr, an dem wir etwas schenken mussten. Den Muttertag. An Weihnachten brachte das Christkind die Geschenke, und für die Geburtstage unserer Eltern waren wir nicht zuständig, außer dass wir auch Süßigkeiten bekamen. Wenn schon gefeiert wird, darf man die Kinder ja nicht vergessen.

Einmal habe ich meiner Mutter Blumen vom Schrottplatz gegenüber von unserem Haus mitgebracht. Es war ein wilder Schrottplatz. Das war damals in den 70er Jahren noch möglich. Normaler Müll wurde dort abgelagert. Es gab ja nur normalen Müll damals. Keinen Restmüll oder Biomüll oder Papier oder Plastik oder Sperrmüll, alles war einfach nur Müll und für uns ein öffentlicher Spielplatz.

Manchmal teilten wir uns in zwei Gruppen auf und jede baute aus Schrott eine Burg. Wir nannten sie allerdings »Fort« wie in den Indianerfilmen. Wenn die Forts fertig waren, belagerten wir uns gegenseitig mit Steinen. Ziel war zwar, das gegnerische Fort zu zerstören, aber wenn dabei ein Gegner getroffen wurde, nahmen wir den Kollateralschaden gerne in Kauf. Zumal wir das Wort »Kollateralschaden« nicht kannten, sondern nur »selber schuld«. Einmal hat mich ein Stein von meinem Bruder voll auf die Stirn getroffen. Zum Glück hat es mir nicht geschadet.

Weiter hinten, wo das lag, was man heute Restmüll nennen würde, wuchsen wunderschöne orangefarbene Blumen mit einem ganz eigenen Duft. An Muttertag habe ich für meine Mama einen Strauß gepflückt, Blüten, Wurzeln, Blätter, Läuse, alles noch dran. Und da habe ich etwas gelernt. Als die Blumen im Bierglas auf dem Küchentisch standen, dufteten sie nicht mehr. Seltsam? Nein. Die Blumen haben nie so besonders geduftet, es war irgendetwas im Restmüll, das diesen süßlichen Geruch hatte. Heute denke ich manchmal, wenn ich einen Menschen sehe, der mich bezaubert, dass es vielleicht ja nur die Umgebung ist.

Später wurde dieser Schrottplatz geräumt und erst wurde er eine Wiese, auf der konnten wir Fußball spielen, und heute stehen Einfamilienhäuser dort. Komisch, dass man immer denkt, früher wäre alles besser gewesen. Sogar ein Schrottplatz kommt mir besser vor als eine Einfamilienhaussiedlung. Mein Schrottplatz.

Apropos Erinnerungen: Wenn wir Ausflüge mit meinen Eltern machten, bekamen wir manchmal ein Firn-Bonbon. Das sind Eukalyptusbonbons mit Schokolade gefüllt. Weil wir nur eins bekamen und vielleicht erst auf der Rückfahrt ein zweites, habe ich es sehr lange gelutscht, ganz vorsichtig, bis als Belohnung dafür, dass man das viele Eukalyptus gegessen hatte, die Schokolade kam.

Vor kurzem habe ich mir eine ganze Packung gekauft, ich wollte sie lutschen, aber die meisten habe ich zerbissen, um schneller an die Schokolade zu kommen. Schmeckt aber nicht mehr so wie früher. Ich glaube, Glück ist immer nur ein einzelnes Bonbon, nie eine Tüte. Und Firn-Bonbons haben weniger Schokolade drin als früher, da kann man mir erzählen, was man will.

FAHRRAD MIT 21 GÄNGEN

 *Wenn man was für sie kauft zum Geburtstag, dann muss das wieder so ökologisch korrekt sein. Man kann ja heute alles billig kaufen, aus China. Aber dann fragt sie wieder: »Wie haben die das denn hergestellt?« Man kann alles billig kaufen. Sicher. Wie der Hofer Manfred. Der kauft alles billig. Der hat für seinen Sohn, wie alt ist der … so Kindergartenkind, ein Mountainbike mit 21 Gängen gekauft. Aber mit Stützrädern! Ich hatte in dem Alter kein Fahrrad. Wir hatten überhaupt kein Fahrrad. Also ich, die anderen Kinder schon, aber nicht mit 21 Gängen und ohne Stützräder. Die gab's damals ja noch gar nicht. Damals hat man noch Fahrradfahren gelernt, da ist der Papa hinter einem hergelaufen und hat das Fahrrad festgehalten, damit man nicht umfiel. Ich hatte gar kein Fahrrad – ich musste das zu Fuß lernen, und damit's realistischer ist, ist mein Papa hinter mir hergelaufen und hat mich von Zeit zu Zeit umgeschmissen. Ich hab heute immer noch kein Fahrrad – ich muss sogar zum Bäcker immer mit dem Auto.*

Na ja, das mit dem Umgeschmissen-Werden war jetzt vielleicht ein bisschen übertrieben. Man stellt sich ja viele Dinge aus der Vergangenheit übertrieben vor. Zum Beispiel ist alles in der Erinnerung aus der Kindheit größer, als es eigentlich war, weil wir selber noch so klein waren. Der Esstisch, in Wirklichkeit ein ganz normal großer viereckiger Tisch, ist in der Erinnerung riesig und mindestens fünfeckig.

Aber nicht nur bei den Erinnerungen aus der Kindheit täuscht man sich oft, generell täuscht man sich oft, wenn man über die Vergangenheit nachdenkt – noch öfter täuscht man sich eigentlich nur, wenn man über die Zukunft nachdenkt.

Nun, was sicher stimmte: Ich hatte mit fünf Jahren kein Fahrrad mit 21 Gängen. Ich hatte schon sehr viele Gänge, aber die meisten davon musste ich zu Fuß erledigen. Später bekam ich ein Rennrad mit zehn Gängen, was für die damalige Zeit recht viel war. Dafür hatten wir damals diese Schweizer Messer mit mindestens 21 Funktionen.

Trotzdem habe ich mit zehn Jahren die Fahrradprüfung bestanden. Mit dem alten Damenrad meiner Mutter. Das war damals nicht so peinlich, wie es heute vielleicht klingt. Kinderräder waren noch nicht so üblich und ein Fahrrad war ein Fahrrad. Allerdings war es ein Erwachsenenrad und der Sattel war so hoch, dass ich entweder sitzen oder aufstehen und treten konnte. Ich konnte nicht im Sitzen treten. Längeres Sitzen führte unweigerlich zum Stillstand des Fahrrads, und ein Fahrrad, das steht, bleibt nicht lange stehen, es fällt um. Also musste ich aufstehen, damit ich sitzen bleiben konnte. Eine paradoxe Situation. Bei der Fahrradprüfung musste ich aber mehrmals abbiegen und dabei ein ordentliches Handzeichen geben. Im Stehen konnte ich kein Handzeichen geben. Auf den Pedalen des Damenrads meiner Mutter stehen und dann noch eine Hand vom Lenker loslassen hätte mehr Kunst erfordert, als mir zur Verfügung stand. Also musste ich vor der Kreuzung aufstehen, treten und Schwung holen und dann auf den Sitz hochspringen, um das Handzeichen geben zu können, dann langsam mit dem Restschwung abbiegen und schnell wieder runter auf die Pedale. Ich habe mir den grünen Wimpel, der dann das Fahrrad meiner Mutter schmückte und das Zeichen war, dass ich berechtigt war, auf der lebensgefährlichen Überlandstraße zu fahren, redlich verdient.

Vielleicht denke ich deshalb heute noch, dass ich im Sitzen nicht vorwärtskomme. Ich habe bei der österreichischen Fahrradprüfung eine preußische Tugend gelernt: Dass man im Leben aufstehen und ordentlich treten muss, wenn man vorwärtskommen will.

Heute bin ich 46 Jahre und ich glaube, mein Leben hat mindestens 21 Gänge. Da sind Freunde, Arbeit, Auto, Wohnung, Laptop, Handy, Bücher, Kleidung, Essen, Hoffnungen ... mit 46, da hat man noch Gänge ... vielleicht zu viele. Eigentlich müsste ich also ganz schnell dorthin kommen, wo ich gerade sein möchte, oder schon längst dort sein, mit so vielen Gängen. Bin ich aber nicht. Meistens nicht.

Vielleicht ist das Leben wie ein Schweizer Messer mit unendlich vielen Funktionen, aber ohne Messer. Oder ich habe vielleicht das Fahrradfahren nie gelernt. Wann wäre das gewesen? In der Schulzeit?

Unsere Kindheit läuft oft hinter uns her, und wenn wir denken, wir kommen gerade gut vorwärts, dann wirft sie uns plötzlich um. Und wir strampeln und kommen kaum dazu, uns hinzusetzen, und man bräuchte immer noch Stützräder, die es aber nicht gibt. Dafür neue Gänge. Manchmal die im Krankenhaus oder im Arbeitsamt oder der letzte Gang. Manchmal geht es auch bergab und dann nützen die Gänge nichts. Man bräuchte eine Bremse. Irgendwo da vorne am Lenker müsste sie sein, aber wo ist der Lenker? Das Leben ist ein Fahrrad ohne Sattel, Bremse und Lenker, aber mit immer mehr Gängen. Gute Fahrt!

Als sich Paul von
seinem Opa ein Rad
wünschte, hatte
er eigentlich an
etwas mit mehr
Gängen gedacht.

AW 2013

KLIMAERWÄRMUNG

Aber das ist sicher aus China. Das Fahrrad von dem Hofer Manfred. Der kauft ja nur billige Sachen. Wie die Chinesen das herstellen, das ist dem Hofer egal. Der sagt so: »Wie die Chinesen das machen, das interessiert mich so, wie wenn in China ein Sack Reis umfällt.« Das ist seine Meinung, nicht meine! Ich glaub das nicht. Ich glaub, in China fällt gar kein Sack Reis mehr um. Warum? Die pflanzen gar keinen Reis mehr an. Die Chinesen, die arbeiten in Fabriken ohne jeden Klimaschutz. Die stellen die Sachen her, die wir billig kaufen, weil wir ja nicht blöd sind. Aber der Chinese ist auch nicht blöd, der macht das so lang in seinen Fabriken ohne Umweltschutz, bis bei uns das Klima so warm ist, dass wir hier für ihn den Reis anbauen können. Aber dann sagen wieder die, bei denen meine Frau auch Mitglied ist, die von der Umwelt …: »Ja aber wenn das Klima wärmer wird, dann schmilzt ja das Eis an Nord- und Südpol.« Das ist schlimm. Ja, das muss man heutzutage so sagen … für mich allerdings nicht, ich mach da keinen Urlaub – bin mehr so fürs Mittelmeer.

Ich hab nichts gegen die Antarktis, dass Sie mich nicht falsch verstehen. Im Gegenteil, die ist mir egal. Aber ich schau mir das schon gerne im Fernsehen an. Antarktis, minus 40 Grad, mit einem warmen Kakao vorm Fernseher ist super. Aber dafür muss man doch nicht das ganze Klima schützen, nur damit ich mir die Antarktis im Fernsehen ansehen kann. Anschauen kann ich sie danach immer noch – gefilmt ist sie ja schon!

Wenn Menschen, die auf dem Land als Bauern gearbeitet haben, in die Stadt ziehen, um in Fabriken zu arbeiten, nennt man das Landflucht. In China heißt das wahrscheinlich »Reis aus«. Vor der Industrialisierung haben bei uns die meisten Menschen auf dem Land gearbeitet, außer die, die man für die Verwaltung brauchte, um die, die auf dem Land arbeiteten, auszubeuten. Heute arbeiten weniger als zwei Prozent in der Landwirtschaft. Ein Mähdrescher (das ist kein Hirte, der sein Schaf schlägt, sondern eine große Maschine auf Rädern) kann 1000 Erntehelfer ersetzen. Fast niemand muss sich mehr mit der Erzeugung von Nahrungsmitteln herumplagen. Trotzdem haben wir immer weniger Zeit. Seltsam, vielleicht vergeht sie wirklich schneller als früher.

In China könnte man meinen, wäre es noch anders. Im Fernsehen sieht man ja oft Menschen auf den Reisfeldern arbeiten. Eine etwas matschige Arbeit. Man steht mit den Füßen im Wasser und steckt kleine Pflänzchen in die überschwemmte Erde. Wenn man nach 12 oder 14 Stunden keine Lust mehr hat, geht man nach Hause und es gibt Reis zu essen, und weil man den ganzen Tag im Wasser gearbeitet hat, muss man sich vor dem Essen nicht einmal die Hände waschen. Nachts pflanzt man wieder Reis an, außer es kommt etwas Gutes im Fernsehen. Aber das ist nur ein kleiner Teil von China. In Wirklichkeit leben und arbeiten ja die meisten Menschen in riesigen Städten. Da ist zum Beispiel die Stadt Chongging. Immerhin die größte Stadt der Welt mit 31,8 Millionen Einwohnern, und wir kennen hier nicht einmal ihren Namen.

Irgendwie ist es scheinbar doch immer noch so, dass uns das, was in China passiert, so viel interessiert, als würde dort ein Sack Reis umfallen. Sollten Sie aber mal bei Günther Jauch sein und das als Millionenfrage bekommen, dann hat sich dieses Buch auf jeden Fall jetzt schon für Sie gelohnt.

Vor einiger Zeit waren wir in Heidelberg. Unten ist ja die Stadt und auf dem Heidelberg, oder wie dieser Hügel neben der Stadt heißt, steht das Heidelberger Schloss. Heidelberg ist weltberühmt für seine vielen chinesischen Reisegruppen. Mein Sohn meint ja, das würde Reis-Gruppen heißen, aber es heißt tatsächlich Reisegruppen.

Während sich amerikanische und holländische Touristen ordnungsgemäß an einem der geschätzten 31,8 Millionen Marktständen mit typisch deutschem Kulturgut eindecken (es gibt bei allen Marktständen ein reichhaltiges Sortiment an bayrischen Maßkrügen, Schwarzwälder Kuckucksuhren, Deutschlandfahnen und Sepplhüten), fotografiert der Asiate. Am liebsten Gebäude, denn unsere Maßkrüge, Kuckucksuhren, Deutschlandfahnen und Sepplhüte interessieren ihn nicht, weil er sie selbst hergestellt hat und sie auch zu Hause in Chongging in der Fabrik fotografieren kann.

Eine andere Frage: Warum ist das eigentlich so schlimm, wenn das Eis schmilzt? Braucht man das? Sollte das Wasser nicht lieber in den Wasserkreislauf und sich nützlich machen? Schmelzen, fließen, verdampfen, Wasserkraftwerke antreiben, Kernkraftwerke kühlen, Toiletten spülen?

Und wenn man etwas für die Natur tun will, reicht es dann nicht, wenn man hin und wieder mal den Rasen mäht oder einfach einen Gartenzwerg aufstellt?

PS: Bei dem Geburtstag hab ich keine Ressourcen verbraucht.

Wegen der Klima-
erwärmung sollte
man auf die
Benutzung des pri-
vaten PKW verzich-
ten.

PINGUINE IM KIRSCHBAUM

 *Die paar Pinguine vom Südpol kommen halt in den Zoo und die paar Eskimos vom Nordpol – die schmelzen ja auch nicht mit –, die kommen halt zu den Pinguinen. Wenn die unbedingt kalt haben wollen …*

Ich versteh das eh nicht. Wieso ziehen Menschen an den Nordpol? Die Heimat des Menschen ist Ostafrika. Ja, da fragen Sie mich was … Frieren bei denen die Frauen nicht so schnell? Die haben sich wahrscheinlich verlaufen. Patriarchalische Gesellschaft. Männergesellschaft. Wie Altes Testament, fundamentalistischer Islam oder DFB, wahrscheinlich hat der Alte vorne gesagt: »Da geht's lang, ich kenn den Weg, ich brauch kein Navi!« … und alle hinterher.

Der Pinguin ist ja genauso gestrickt. Das waren ursprünglich Zugvögel … weil wie kommen die sonst da runter? Tüchtige, aber ein wenig dämliche Zugvögel. Sind jedes Jahr in den Süden geflogen. Mittelmeer. Was haben sie dort gemacht? Haben gebadet oder als Kellner gearbeitet … Nein, das war jetzt ein Witz. Aber dann haben die sich gedacht: »Wenn ich in den Süden fliege, wird's wärmer. Wenn ich noch weiter in den Süden flieg, dann wird's noch wärmer. Brauch ich Wachstum, werd ich ein Global Player …« Jetzt steht der da unten und friert sich den Pürzel ab. Wegflie-

gen kann er nicht mehr – wahrscheinlich weil er die Flügel zum Warmhalten braucht. Steht da auf einer ganz dünnen Eisscholle.

Wenn's wärmer wird, haben wir doch alle was davon. Kann der Pinguin sein Zugvogeldasein wieder aufnehmen – die Krise als Chance. Und wir hier haben auch was davon, dass man schon im Januar sagen kann: »Ah, schau, es wird Frühling, die Pinguine sitzen schon im Kirschbaum.«

Vielleicht haben sich die Eskimos wirklich verlaufen. Menschen machen das ja gerne, dass sie einen Weg, den sie eingeschlagen haben, einfach weitergehen. Wahrscheinlich waren die Eskimos sehr konservativ. Die Eiszeit ging langsam zu Ende und sofort kamen die Ersten, die jammerten: »Also das Wetter heute, boah, ist das warm. Überhaupt, das ganze Neumodische mit den Blumen, das hat es früher auch nicht gegeben. Wenn das so weitergeht, tragen die jungen Leute irgendwann keine Mammutfelle mehr und die Frauen laufen schulterfrei rum. Den jungen Leuten geht es zu gut, wir hatten das auch nicht, gehen wir nach Norden, dann können die wieder richtig frieren lernen.«

Man kennt das ja heute noch: So lang kann der Winter gar nicht sein. Sobald es wärmer wird, fangen die Ersten an zu maulen. Umgekehrt natürlich auch, wenn die Hitze vorbei ist, ist es sofort zu kalt.

Jetzt waren diese Leute natürlich nicht dümmer, als wir heute sind. In der Steinzeit hatten sie nicht einmal eine

Mikrowelle, um sich das Mammut warm zu machen, und trotzdem ist es ihnen gelungen, eine ganze Epoche nach sich zu benennen. Aber um konservativ zu sein, muss man ohnehin sehr schlau sein. Man muss sich eine Menge einfallen lassen, um alles so zu belassen, wie es immer schon war.

Der Pinguin ist kein konservativer Vogel. Nur wenn er tot ist und zufällig im Eis eingefroren wird, dann ist er sehr konservativ.

Es ist doch erstaunlich, dass sich ein Tier, das offensichtlich einmal ein Vogel war, dazu entschließt, seine Tage lieber auf einer immer dünner werdenden Eisscholle zu verbringen, und statt ein wenig dahin und ein wenig dorthin zu fliegen, im Eismeer nach Fischen taucht.
Vielleicht hatte er ja erst diesen schwarzen Frack und kam sich so wichtig vor, dass er dachte, so etwas Vergnügliches wie Fliegen wäre doch keine passende Betätigungsform mehr für ihn. Außerdem konnte er aufrecht gehen und wir wissen ja, zu welchen Gedanken so etwas führen kann.
Außerdem ist Fliegen schlecht fürs Klima.
Im Zoo würde der Frack Sinn machen. Da hat man jeden Tag Besuch. Aber Gitterstäbe haben ein schlechtes Image, weil sie an Gefängnisse erinnern. Vielleicht sollte man es umgekehrt sehen: Gefängnisse könnten wie Zoos gestaltet werden. Die Gitterstäbe sind schon da, und man könnte den Strafvollzug finanzieren, wenn man gegen Eintrittsgeld Familien mit Kindern zulassen würde.

Kleine Tafeln an den Zellen – Name, Straftat, Aufenthaltsdauer. Und die Zellen selbst könnte man dem natürlichen Lebensraum nachempfinden. Bei manchen wäre es eher das Getto der Großstadt und bei anderen eher ein Vorstandszimmer einer Bank.

Die Eskimos könnten vielleicht auch nach Europa. Also nicht unser Europa, da sind ja schon wir, sondern der Jupitermond Europa. Angeblich von einer zehn Kilometer dicken Eisschicht umgeben. Nur Eisfischen wäre schwierig – zehn Kilometer runterbohren und dann gibt es doch keine Fische. Die Eskimos wären auf unbestimmte Zeit von Transferleistungen abhängig.

Klimaerwärmung in
Deutschland:
Die Pinguine sitzen
im Kirschbaum.

MEERESSPIEGEL STEIGT

Gut, dann heißt es wieder: »Aber wenn das Eis schmilzt, dann steigt der Meeresspiegel«, was dann wieder ein humanitäres Problem ist wegen Holland – ja, das muss man schon menschlich sehen, das ist ein humanitäres Problem … dass wir dann zwar kürzer zum Meer hätten, aber bei uns die Tulpen teurer werden. Weil das ist dann alles unter Wasser – so viel können die gar nicht in die Tomaten reinpacken. Gut, alles vielleicht nicht, ein paar Windmühlen schauen schon noch raus, aber die sind dann alle offshore. Da schwimmen dann noch eine paar Holzschuhe rum und das war's dann.

Ausgerechnet ein Land wie Holland mit so vielen Treibhäusern soll Probleme mit dem Treibhauseffekt haben? Und müssen wir uns wirklich eines Tages von unseren ukrainischen Pflegekräften auf unseren Balkon in der Münchner Innenstadt schieben lassen, traurig zum Isarstrand aufs Meer schauen und denken: »Was haben wir getan?«? Oder besser noch: »Gott, wie konntest du das zulassen?« Müssen unsere nicht vorhandenen Kinder wirklich ohne Gletscher und Holland leben?

Aber vielleicht wird ja auch alles nicht so schlimm. Der Meeresspiegel steigt ein wenig, wir brauchen nicht mehr nach Venedig reisen, wo ohnehin die Eintrittsgelder mittlerweile unverschämt hoch sind, sondern können auf einer kleinen Gondoliere durch Amsterdam schippern. Der Gondoliere ist dann zwar kein Italiener mehr, sondern Holländer, und wenn wir mit ihm in die Abendsonne schippern und er *O sole mio* auf Holländisch singt, »O mijn zon«, und uns dazu tütenweise holländische Spezialitäten anbietet, dann sind doch alle Bedenken schnell verraucht und alles bleibt wie früher, nur ist es anders.

Veränderungen hat es immer gegeben. »Das Leben ist Veränderung«, sagt uns jeden Morgen unser Badezimmerspiegel. Warum sollte es beim Meeresspiegel anders sein? Er verändert sich, na und? Nicht nur in der Bibel ist von Sintfluten die Rede. Der Schöpfer fährt sein Raumschiff Erde kurz in die kosmische Waschanlage, wählt einmal das Programm »Sintflut« und schon sind die ganzen lästigen kleinen Lebewesen wieder weg, die auf seiner Erde kleben wie die Insekten an unseren Windschutzscheiben nach einer langen Autofahrt.

Überhaupt ist die Natur sehr verschwenderisch und hält nicht viel vom Bewahren. Die meisten Tiere und Pflanzen, die sie geschaffen hat, hat sie auch wieder vernichtet. Nicht weil sie schlecht waren, ne, ne, sie brauchte Platz für was Neues.
Wie sie das gemacht hat? Na, zum Beispiel indem die Temperatur abwechselnd kälter geworden ist, dann wieder wärmer, gerne auch mal trockener und mal feuchter. Das

Leben musste sich immer wieder anpassen, und wenn es gedacht hat: »So, jetzt habe ich mich aber gut angepasst, jetzt habe ich mein Reihenmittelhaus und die Altersvorsorge«, schwupps, hat sich's wieder geändert. 99 Prozent stirbt wieder aus und mit dem einen Prozent geht's wieder von Neuem los.

Der Meeresspiegel hat sich übrigens immer gesenkt und gehoben, nicht nur bei Ebbe und Flut, sondern um Hunderte Meter.

Wir leben in einer Eiszeit. Haben Sie das gewusst? Ja, ja, deshalb ist es so kalt. Wenn mindestens einer der beiden Pole mit Eis bedeckt ist, spricht man von einer Eiszeit. Die meiste Zeit über hatte die Erde kein Eis auf den Polen. Wenn sich das Klima erwärmt, wird es für die Erde also nicht unnatürlich warm, sondern eher normal, und wenn wir die Erde im Zeitraffer sehen könnten, würden wir sehen, dass der Meeresspiegel atmet. Hoch, tief ... mal haben die Landtiere mehr Platz, mal die Fische. Hoch, tief ... wenn er nicht mehr atmet, ist er tot. An einem toten Meeresspiegel lassen sich leichter Hotels bauen, denn der tut nichts.
Vielleicht ist das, was wir die Natur schützen nennen, nur der Versuch, die Natur nicht aufzuwecken, sonst merkt sie noch, was wir hier mit ihr treiben, und holt einmal tief Luft.

Wir müssen als Menschen auf die Veränderungen reagieren. Die meiste Zeit seines Vorhandenseins war der Mensch Nomade. Wenn irgendwo das Klima schlechter wurde, zu trocken oder zu kalt oder jedes Mal verregnete Ferien, dann ist er eben woanders hingezogen. Und gerade der Holländer mit seinen Wohnwagen dürfte da keine zu großen Umstellungsschwierigkeiten haben. Ich fände aus diesem Grunde statt Adria Arche mal einen guten Namen für einen Wohnwagen.

Gab ja schon mal die Sintflut. Der Regen ist tagelang aus allen Wolken gefallen und die Kirche hat später erzählt, das wäre gewesen, weil wir ihr nicht gehorcht hätten, und die Mütter haben erzählt, das wäre gewesen, weil wir unsere Teller nicht aufgegessen hätten ... übrigens der Aralsee trocknet gerade aus.

Erwin S. konnte auch
dem Steigen des
Meeresspiegels etwas
Positives abgewinnen.

WALE RAUSFISCHEN

Da muss sich Greenpeace mal was einfallen lassen wegen des Meeresspiegels. Wenn der zu hoch ist, dann muss man den halt reparieren. Da nützt doch das Demonstrieren nichts.

Die sind doch so mit den Walfischen. Die von Greenpeace. Da gäb es doch eine Möglichkeit, also ich hätte schon eine Idee, wie man da zwei, ja jetzt nicht Fliegen, aber zwei ... mit einer Klappe. Aber auf mich hören die ja nicht. Ich hab mir gedacht, wenn der Meeresspiegel zu hoch ist, dass man dann vielleicht die Blauwale alle rausfischt. Weil diese großen Tiere brauchen ja extrem viel Platz ... und das weiß man ja, wenn ein dicker Mensch aus der Badewanne steigt, sinkt ja auch der Wasserspiegel wieder. Wer immer unbegrenztes Wachstum will, der hat dann auch die Freiheit, auszusterben.

Die Dinosaurier mussten das ja auch lernen. Sind ja auch alle ausgestorben. Vor kurzem habe ich die Theorie gelesen, da seien zwei Meteoriten zusammengeprallt und ein Trümmerstück sei dann nach dem Aufprall Richtung Erde unterwegs gewesen. Und jetzt kommt's, dieses Trümmerstück war vom Zusammenprall der Meteoriten bis zum Einschlag auf der Erde 100 Millionen Jahre unterwegs. Stellen Sie sich vor, 100 Millionen Jahre, die Saurier entwickeln sich, bringen neue Arten hervor und die ganze Zeit ist schon dieses Trümmerstück unterwegs, unausweichlich. Aber haben die Dinos diese Zeit genutzt? Was haben sie gemacht? Die Katastrophe kommt und das Einzige, was sie tun, ist immer noch größer werden.

Wir Menschen reagieren auf nahende Katastrophen ja ähnlich. Erst sind wir geschockt, vielleicht sogar etwas panisch, bis der Erste ruft: »Jetzt ist es aber gut mit der Panik, jetzt brauchen wir erst mal wieder mehr Wachstum.«

Vielleicht haben die Dinosaurier jeden Abend gebetet: »Lieber Gott, wir danken dir für unser Wachstum.« Oder sie haben gesungen: »Vor 66 Millionen Jahren, da fängt das Leben an ...« Und der Komet kam immer näher.

Übrigens haben Forscher 2011 einen 320 Gramm schweren Marsmeteoriten gefunden. Bei einem marokkanischen Händler. Ökologisch sinnvoll, sich die Raumfahrt zum Mars zu sparen und heimische Erzeugnisse vom Wochenmarkt zu kaufen. Ich habe meinen Gemüsehändler gleich gefragt, ob er auch einen Meteoriten hätte. Nein, aber er könnte mir einen günstig besorgen. Da bin ich gespannt. Die Wissenschaft hält man nicht auf.

Was für einen Sinn haben eigentlich Walfische? Das waren ja früher Landtiere. Es war für die Evolution mühsam genug, aus Fischen Landtiere zu machen, muss man dann wieder zurück ins Meer? Ein außer Kontrolle geratener Badeurlaub? Der geht nicht mal mehr raus, wenn er groß oder sehr groß muss, obwohl er Pottwal heißt.

Wale verschmutzen im Grunde die Meere. Kein Bauer mag es, wenn Hunde auf sein Getreidefeld machen. Im Meer werden auch Lebensmittel produziert, Fische und so Zeug, und glauben Sie nicht, dass Greenpeace mit Schlauchboot und Tüte den Walen hinterherfährt. Und wie viel Fisch haben die Wale im Laufe der Jahrmillionen wohl gefressen? Wie viel Katzenfutter könnte man davon herstellen und wie viele Katzen in der Dritten Welt ernähren?

Warum schützen wir dann die Wale eigentlich? Warum lieben wir sie so? Weil sie so soziale Tiere sind? Die Walmütter stillen ihre Kinder acht Monate. Das kann es auch nicht sein. Die Mitarbeiterinnen bei Opel sind auch gewerkschaftlich organisiert und stillen oft ihre Kinder und werden trotzdem nicht alle geschützt.

Ich glaube, wir schützen die Wale, weil es nur noch so wenige gibt. Wir haben nicht mehr so viele. Das einzelne Tier ist uns egal, sonst dürften wir auch keine Schweine schlachten, die sind genauso intelligent. Sicher, sie singen nicht, sie grunzen eher, aber dafür muss man sie ja nicht schlachten, es würde als Strafe ausreichen, wenn man sie von Zeit zu Zeit durch den *Musikantenstadl* treibt.

Warum schützen wir die Wale? Weil wir nur noch so wenige haben und insgeheim doch hoffen, uns von unserem mühsam in der Schweiz zusammengesparten

Schwarzgeld im Alter eine kleine Kreuzfahrt leisten zu können, und da wäre es doch schade, keine Wale zu sehen.

Wenn es einen Überschuss an Walen gäbe, eine Walschwemme, eine Walplage, dann müssten die Kinder wieder Wale sammeln wie wir früher Maikäfer. »Egon, da sind schon wieder Wale in der Badewanne, hol mal den Walfänger.«

Und was ist eigentlich das Schlechte an der Hexe bei *Hänsel und Gretel*? Warum verurteilen wir sie wegen ihrer kleinen privaten Nutzhänselhaltung? Was ist schlimmer: Eine Hexe, die sich einen Hänsel zum Eigenbedarf mästet, oder ein Landwirt mit 2000 Schweinen? ... mal als Schwein gefragt. Wir sollten uns mal in die Schweine hineinversetzen. Nicht immer nur die Schweine in uns hineinversetzen. Und Menschen haben zwar ein größeres Gehirn als Fische, dafür können Fische besser tauchen.

Als Herr M. aus Warse-
winkel den großen
Fisch an der Angel
hatte, ahnte er schon,
dass das Ärger mit
Greenpeace geben
würde.

NATÜRLICHE AUSLESE

Wissen Sie, ich sage halt so, wenn die Natur hier mit uns leben will, dann muss die sich halt auch anpassen. Ja, ich weiß schon, die passt sich an, aber die ist halt zu langsam. Ich hab's vor kurzem im Fernsehen gesehen, Sie vielleicht auch, wir haben's ja auch in der Schule gelernt, wie die Natur sich anpasst. Das mit dem Darwin, Evolution, natürliche Auslese.

Früher im Religionsunterricht, da hat die Schöpfung sechs Tage gedauert. Beschluss, Planung, Finanzierung, Bau, alles zusammen sechs Tage. Ganze Schöpfung, Steine, Wale, Menschen, alles. Aber jetzt natürliche Auslese ... da dauert jede Verbesserung Millionen von Jahren. Da kann man nicht drauf warten. Da muss ja erst das, was Fehler hat, aussterben, damit das andere übrig bleibt. Da muss erst mal der gehen, der Fehler hat. So ist die Natur wirklich, die ist nicht nur perfekt wie die von Greenpeace ... ich hab versucht, das meiner Frau zu erklären. Ich hab gesagt: »Schatz, dass du jetzt deinen Geburtstag vergessen hast, dafür kann ja keiner was. Das ist Evolution, Fehler gehören dazu.« Ich hab versucht, ihr das mit natürlicher Auslese zu erklären, aber das war auch nicht so gut. Ich hab vielleicht ein blödes Beispiel genommen. Weil ich hab gesagt, viele Frauen könnten ja kein IKEA-Regal aufbauen.

Wie kriegen wir das jetzt, theoretisch, mit natürlicher Aus-
lese in den Griff? Wie viele Frauen müssten da von einem
eigenhändig falsch aufgebauten IKEA-Regal erschlagen wer-
den, bis die übrig bleiben, die's können? Also wie oft muss da
der Billy auf die Irma drauf? Bei vier Milliarden Frauen. So
viele Regale haben wir ja gar nicht. Da müssten wir ja manche
doppelt verwenden. Und die Frauen, die's können, die übrig
bleiben, die sagen sich dann: »Ich kann mein IKEA-Regal sel-
ber aufbauen, ich brauch diese Arschlöcher gar nicht«, bleiben
Single und würden auch aussterben.

Fortschritt in der Natur heißt also, dass das Nichtange-
passte aussterben muss, damit das Angepasste übrig bleibt.
Ganz schön spießig die Natur. So ähnlich wie die Leute, die
sie schützen wollen. Also nicht alle, aber bei manchen hat
man schon den Eindruck, die wollen einfach nur, dass alles
so bleibt, wie es immer schon war. Also nicht, wie es immer
schon war, sondern wie es in ihrer Kindheit war, weil in ihrer
Kindheit war es ja auch nicht so, wie es immer schon war,
weil davor war es ja wieder anders, und damals gab es auch
Menschen, die wollten, dass es so bleibt. Und wenn sich die
Menschen immer durchgesetzt hätten, die immer wollten,
dass alles so bleibt, wie es ist, dann hätte es die gute alte Zeit
gar nie gegeben, weil die gute alte Zeit war die moderne
Zeit für die Leute damals. Es würde nur die sehr gute, sehr
alte Zeit geben. Also wir hätten natürlich trotzdem 2013
oder so, nur die Sitten und Gebräuche wären anders.
Wenn wir von der guten alten Zeit sprechen, dann meinen wir ja nicht den Kalender, sondern das Essen oder die

Menschen oder die Maikäfer. Meine Frau will auch, dass alles so bleibt, wie es ist – außer ich.

In Wirklichkeit verändert sich die Natur aber ständig. Sie hat bloß ein anderes Tempo als wir, daher wirkt sie auf uns so unveränderlich. Ein Baum verändert sich nicht, wenn man ihn einen Tag lang betrachtet, bei ein paar Monaten merkt man die Jahreszeiten und bei einigen Jahren, dass er wächst oder stirbt.

Wenn man nur ein paar tausend Jahre Zeit hat, und wer hat die schon in unserer hektischen Zeit, dann sieht die Wüste immer wie Wüste aus und der Wald wie ein Wald und die Antarktis wie die Antarktis. Wenn man ein paar Millionen Jahre hinsehen könnte, würde man merken, dass sich Wüste, Wald und Eis ständig verändern. Wüste, Wald und Eis wachsen oder sterben oder schmelzen. Nie bleiben sie gleich und das ist der fiese Trick der Natur. Sobald sich die Lebewesen angepasst haben, die Elefanten haben sich ein dickes Fell wachsen lassen und nennen sich jetzt Mammuts, schwupps, wird es wieder wärmer, und die ganze Anpassung war umsonst. Das Eis schmilzt und der Säbelzahntiger, der sich extra diese langen Hauer für die Mammuts hat wachsen lassen, beißt ins Gras. Er stirbt aus und was Neues kommt, zum Beispiel die Europäische Hauskatze.

Aussterben ist der Motor der Evolution und zurzeit läuft dieser Motor gut, weil der Mensch hilft ja kräftig mit, nur es kommt noch nicht so viel Neues. Na ja, in ein paar Millionen Jahre werden wir es schon sehen.

Vielleicht hat ja auch der Mensch das Mammut ausge-
rottet. Oder besser gesagt der Mann. Die Frauen kamen
ja nicht mit auf die Jagd. Das ging nicht. Männer haben
gejagt wie sie einkaufen. Sie sahen eine Gazellenherde
und das Tier, das am nächsten stand oder am dämlichsten
schaute, wurde erlegt. Zur *Sportschau* war man wieder zu
Hause. Wäre mit Frauen nicht gegangen. »Schatz, wie fin-
dest du denn die Gazelle da drüben? ... Warte, ich muss die
mal ein bisschen anfassen ... Oh, jetzt ist sie weg ... egal,
du, lass uns einfach noch ein bisschen weitergucken, ja? Da
vorne sind sicher auch noch ein paar Tiere. Letzte Woche
hab ich da ganz schöne Wisente gesehen. Du, das wäre doch
mal was, was hältst du denn von einem Wisent?«

Ines' selbst aufgebautes
IKEA-Regal passte
hervorragend zu
den Bildern ihres
letzten Italien-
urlaubs.

FORDERN UND FÖRDERN

 *Man darf die Natur nicht nur schützen, man muss die auch fördern, dass was weitergeht. Etwas schneller. Wie die Amerikaner das machen oder die Chinesen mit der Gentechnik, klonen und so.*

Die Chinesen überholen uns in der Landwirtschaft. Die ganzen Bioprodukte, die wir hier im Supermarkt kaufen, die sind doch alle vom Chinesen. Warum? Weil wir machen alles wie früher, brav wie früher mit Gift und Kunstdünger, und der Chinese, der klont. Hab ich selber in der Zeitung gelesen: Chinesische Forscher haben letztes Jahr fünf menschliche Embryonen geklont. Die kopieren ja alles. Auto, Fahrrad, Handy ... und jetzt kopieren die sich schon selber. Wenn ich mir die so anschaue, die Chinesen, das glaub ich nicht, dass das nur fünf sind, die da geklont sind.

Aber nicht nur fördern, sondern man muss auch was fordern. Fördern und fordern. Das hat der Dings schon gesagt, dieser Gazprom-Mitarbeiter, als er noch sein Vorpraktikum gemacht hat als Kanzler. Fordern und fördern. Also nicht in Bezug auf die Natur, weil die war dem nicht so wichtig, sondern auf die Arbeitslosen. Weil das Prinzip ist dasselbe. Die Natur ist ja von Natur aus unheimlich faul.

Ich war im Sommer mal im Harz IV, äh, im Harz, ich hab mir mal ein paar Stunden so einen Baum angeschaut. Der tut nichts. Selbst im deutschen Wald. Da wundert man sich, wenn der Amazonas ausstirbt. Die Pflanzen hängen da unten rum wie Jugendliche mit Migrationshintergrund an der Bushalte-stelle und wir können kistenweise Krombacher saufen, um den Regenwald zu retten.

Sogar die katholische Kirche spricht von Klima schützen und Schöpfung bewahren. Die katholische Kirche – bis vor ein paar Jahren hat die noch so getan, als sei der einzige Beitrag der katholischen Kirche zur Klimaerwärmung vielleicht die Hexenverbrennung im Mittelalter gewesen. Dann fliegt der Papst wieder durch die Weltgeschichte. Dass das ja nicht so kli-mafreundlich ist ... Nun gut, aber dafür sind die Kirchen eis-kalt, das gleicht sich aus.

Man könnte fast meinen, das wäre der chinesische Weg des Sozialismus. Die Reichen werden immer Reicher und die Armen immer ärmer, aber Hauptsache, wir sehen alle gleich aus. Aber sie sehen ja nur für uns gleich aus, wie fast alle Fremden erst einmal gleich aussehen. Weil wir nur das Fremde sehen, das sie alle gemeinsam haben, und nicht die kleinen Unterschiede. Deshalb klingt ein Deut-scher für einen Österreicher deutsch, egal ob er aus Bay-ern, Sachsen oder Hamburg kommt. Der Ösi hört erst mal das »Nichtösterreichische« und das haben alle deut-schen Dialekte und sogar deutsche Fremdsprachen wie Schwäbisch nun mal gemeinsam. Alle sind nicht österrei-chisch. Umgekehrt ist es ja auch so. Für die Deutschen klingen trotz ihrer von 30 Jahre *Musikantenstadl* geschulten Ohren alle Österreicher österreichisch. Und für die Chinesen sehen wir alle gleich aus. Voll unchinesisch eben. Für einen Chinesen sehen Sie genauso aus wie Ihr komischer Nachbar, und trotzdem lächelt er Sie an.

Dass die Chinesen angeblich mehr kopieren als wir, ist ja auch nur so ein Vorurteil. Ja, die Chinesen kopieren vielleicht unsere Kuckucksuhren, um damit Geld zu verdienen. Dafür kopieren wir unser Geld. Die Europäische Zentralbank kopiert fleißig den Euro und die Amerikaner kopieren ihren Dollar. Und von den kopierten Euros können wir uns dann von den Chinesen billig die kopierten Schwarzwälder Kuckucksuhren kaufen, die wir dann wieder in Heidelberg oder Neuschwanstein teuer an die Japaner weiterverkaufen.

Ja, wir müssen alle flexibler werden. Der Amazonas wird ja auch nicht abgeholzt, sondern er macht eben durch die Agentur für Aufforstung (AfA) eine Umschulung zum Biospritfeld oder zur Kokosplantage. Wenn er dagegen protestiert, muss man ihn nur darauf hinweisen, dass es Rapsfelder gibt, die schon auf seinen Standort warten. Wenn es immer weniger Waldfläche gibt, dann muss sich der einzelne Baum halt mehr anstrengen.
AfA könnte übrigens auch eine Abkürzung für Agentur für Abholzung sein, aber Aufforstung klingt netter, so wie ja auch das Arbeitsamt seit einigen Jahren Agentur für Arbeit heißt und nicht Agentur für Arbeitslose. Die Mitarbeiter der Agentur für Arbeit nennt man Fallmanager,

was eigentlich auch eine schöne Berufsbezeichnung für Baumfäller wäre.

Der Regenwald und Gruppen von Jugendlichen wirken übrigens beide im naturbelassenen Zustand auf ältere Damen mit Einkaufstüten bedrohlich – im Gegensatz zur ordentlich vom Ein-Euro-Jobber getrimmten Hecke. Trimm dich fit für Raider und E10!

Durch eine Umschulungs-
maßnahme der
Agentur für Aufforstung
(AfA) wurde dem
südamerikanischen Regen-
wald eine zweite
Karriere als Sojafeld
ermöglicht.

ATOMKRAFTWERKE ABSCHALTEN

Man muss ja schon ein schlechtes Gewissen haben, wenn man nicht am Wochenende losmarschiert und Bäume umarmt. Ja, es gibt so Gruppen, die machen das. Freiwillig! Nicht wie die Motorradfahrer, die machen das nicht freiwillig. Meistens sind es junge Menschen. Da wird für den Regenwald demonstriert, dass der stehen bleiben darf, aber dann auf der anderen Seite die ganzen Körperhaare alle abrasieren. Sogar unten rum. Aber Umweltschutz muss doch bei uns selber anfangen. Der eigene Körper ist doch auch Natur. Warum darf der Regenwald stehen bleiben und die nicht? Das ist doch auch ein Lebensraum. Möchte man doch gar nicht wissen, was da alles drin lebt.

Dann schalten wir die Atomkraftwerke ab. Da fühlen wir uns sicher. Die anderen bauen in der Zeit die Atombomben. Die Atomkraftwerke sind wenigstens so gebaut, dass sie nicht automatisch in die Luft fliegen.
Wie hat doch noch der eine gesagt, dieser Häuptling? Die von Greenpeace hatten den früher immer auf dem Auto drauf. »Wenn ihr den letzten Baum gerodet und den letzten Fluss vergiftet habt, dann werdet ihr sehen, dass man Geld nicht essen kann.« Was würde der heute wohl sagen zu uns mit den Atomsachen? »Wenn die letzte deutsche Großstadt zerbombt ist

und das letzte deutsche Bier verstrahlt, dann werdet ihr sehen,
dass man mit Windrädern nicht zurückschießen kann!«

Es ist schon erstaunlich, dass ausgerechnet Angela die Atomkraftwerke abschalten will. Angst um die Zukunft? Das größte Problem der Atomkraft ist die Endlagerung und die bemisst sich doch in Jahrtausenden und Politiker denken doch eher in Zeiträumen von vier Jahren. Und Frau Merkel hat ja auch keine Kinder. Die Einzigen, die sie mal beerben werden, sind die SPD und die Grünen.

Na ja, dann gibt es noch die Strahlenbelastung. Bei normalem Betrieb nicht so schlimm, und solange man nicht beweisen kann, dass erhöhte Krankheitsraten in der Nähe von Atomkraftwerken darauf zurückzuführen sind, auch finanziell okay.
Ungünstig sind sogenannte Supergaus. Gibt es aber selten und dann strahlt das Kraftwerk wie Karl Moik zu seinen besten Zeiten. Solange der Meeresspiegel aber nicht dramatisch ansteigt, ist ein Tsunami im deutschen Mittelgebirge zurzeit eher unwahrscheinlich. Genetische Auswirkungen durch Strahlenbelastung müssen auch nicht nur schlecht sein. Vier Augen sehen mehr als zwei.

Woher also das schlechte Image des Atoms? Weil es so klein ist? Immer auf die Kleinen? Oder einfach schlechte Presse?
»Atomkraft? Nein danke«, dieser Werbespruch war psychologisch ungünstig. Ich glaube, die guten Werbesprü-

che werden heute ohnehin nur noch von Psychologen geschrieben. Die kennen Ihre geheimsten Wünsche und Schwächen. Die wissen mehr über Sie als Ihre Mutter und Google zusammen.

Es waren einmal drei Brüder, die waren sehr arm, aber reich an Komplexen. So gingen sie hin und studierten in der Kunst der Psychologie. Sie lernten allerhand Wunderliches, das sich tief unten im Verborgenen des Menschen findet. So kamen sie beladen mit Wissen zurück in ihr Heimatdorf und der erste diente sich an bei der Werbung und verwendete seine ganze Kunst und Meisterschaft, um den Bürgern Lust auf Fast Food zu machen. Der zweite Bruder fand sich ebenfalls bei der Werbung und machte den Bürgern Lust auf das Absaugen von Fett. Der dritte Bruder aber hatte schließlich die Couch, um das, was von den Menschen noch übrig geblieben war, zu behandeln. Und so lebten sie alle drei glücklich und sehr reich bis an ihr Lebensende.

Ich fürchte, dass es für das Klima ziemlich egal ist, ob Sie oder ich heute Benzin sparen oder nicht. Es gibt eine gewisse Menge an Öl oder Gas im Boden und die wird bis zum letzten Liter verbraucht werden. Das ist so sicher wie das Amen in den Kirchen, die es in den meisten Öl fördernden Ländern allerdings nicht gibt.
Wenn wir weniger verbrauchen, dann wird der Sprit etwas günstiger und dadurch können sich Menschen in ärmeren Länder mehr Autos leisten und müssen weniger

Fahrrad fahren. Das ist wie beim Familienfernsehabend. Wenn Sie weniger Chips aus der Tüte nehmen, dann essen die anderen eben mehr. Die Chips werden immer aufgegessen oder landen im Teppich, aber die Scheichs pumpen nun mal kein Öl in die Erde zurück. Wenn weniger Öl verbraucht wird, dann wird das Öl billiger und dadurch wird wieder mehr verbraucht. Ein ewiger Förderkreislauf.

Nein, nein, ich will Ihnen nicht die Freude an Ihrem 3-Liter-Auto nehmen, nur das gute Gewissen. Sie sparen etwas Geld und weltweit können doppelt so viele Autos fahren wie bisher, wenn jedes nur noch die Hälfte verbraucht.

Die Endlagerproblematik
für Windräder war 2013
noch nicht im Bewusst-
sein der Bevölkerung
verankert.

AW 2013

ENERGIESPARLAMPEN

Ich tu ja auch was für die Umwelt, so ist es ja nicht. Ich hab jetzt auch bei mir im Flur die alte 75-Watt-Glühbirne ausgetauscht gegen eine 11-Watt-Energiesparlampe. Ist angeblich genauso hell. Ist zwar in der Anschaffung teurer, aber da sag ich: Das macht Sinn, ökologisch und ökonomisch – da kann ich jetzt fürs gleiche Geld die ganze Nacht im Flur das Licht brennen lassen.

Oder ein anderes Beispiel: Das war so, meine Frau ist in Kur gefahren, vier Wochen, und in der Zeit ist zufällig unser Meerschweinchen verhungert. Da habe ich ein neues gekauft, aber einen Hamster, für den Klimaschutz. Weil der Hamster ist ja kleiner, der frisst weniger. Zu meinem Sohn hab ich gesagt, das wäre jetzt ein Energiespar-Meerschweinchen.

Allerdings sind die auch aus China. Nicht die Hamster, die Glühbirnen. Ist ja auch klar. Der Chinese braucht ja selber keine Glühbirne. Der hat ja ganz andere Zeitzonen – wenn es Nacht ist, ist es bei dem sowieso hell.

Dann haben die noch ihr Feng Shui – wo man die Wohnung einräumt, indem man alles rausräumt. Ganz wenig Sachen, da ist nichts ... kannst du auch über nichts drüberstolpern, da braucht der kein Licht. Da steht vielleicht noch ein Tisch, aber da läuft der Chinese unten durch.

Ich glaube, Feng Shui wird sich nie durchsetzen. Ganz wenig Dinge zu haben passt nicht zu unserer westlichen Lebenshaltung und nicht zu den Frauen. Frauen sammeln und Frauen bestimmen in der Regel, wie die gemeinsame Wohnhöhle auszusehen hat. Sie würden zwar nicht sagen, dass es auf jeden Fall voll sein soll, aber sie sagen gern mal: »Da fehlt noch was.«

Feng Shui wäre für die Wirtschaft katastrophal, aber für die Umwelt wunderbar. Wir kaufen nichts ein und stellen alle paar Monate nichts zum Sperrmüll. Nun ist das aber nicht der Sinn des Feng Shui. Der Sinn des Feng Shui ist, dass irgendein Chi fließt oder so ähnlich. Wahrscheinlich hat aber bloß vor drei- oder viertausend Jahren irgend so ein chinesischer Taoist beim Kartenspielen oder beim Bambusmikado erst sein ganzes Geld und dann noch seine Möbel verspielt und dann seiner Frau erzählt, er hätte gerade das Feng Shui erfunden.

Unsere Krankenkassen zahlen wieder öfter asiatische Gesundheitsdinger wie Yoga oder so. Dafür bezahlen sie bei der Zahnbehandlung meistens nur noch das Ziehen, und immer mehr Leute haben immer weniger Zähne im Mund. Feng Shui für den Mund, damit die Energie fließt?

Und ob das Gebiss halb leer oder halb voll ist, ist auch eine Frage der richtigen Einstellung und die erlangt man ganz leicht durch Meditation und Bewusstseinsübungen, die von der Krankenkasse finanziert werden.

Feng Shui sollten wir vielleicht wirklich machen. Bei uns zu Hause. Irgendwie ist alles zu voll. Vor allem Spielsachen. Zahlt die Krankenkasse Feng Shui für Kinder? Allein die Energieverschwendung durch Spielsachen. Herstellung, Entsorgung und zwischendurch laufen sie mit Strom. Mein Bruder und ich, wir hatten nur zwei Teddybären, jeder einen und jeder ohne Batterien. Wozu brauchen Stofftiere auch Batterien? Damit sie dann so blöde Sachen sagen wie: »Hab mich lieb« und dem Kind ein schlechtes Gewissen machen? Wir haben mit unseren Teddys viel gespielt. Obwohl wir Jungs waren. Mein Bruder hatte ein spezielles Spiel erfunden. Es hieß Gerichtsverhandlung. Wir waren beide Richter und haben die Teddys verurteilt. Die Strafe bestand immer im An-die-Wand-Werfen. Je nach Tathergang 20 bis 30 Mal. So haben wir versucht, aus den Teddys anständige Menschen zu machen. Meistens hatten die Teddys etwas geklaut, und Verteidiger gab es nicht, weil wir als Kinder ja gegenüber unseren Eltern auch keine hatten. Und von Gefängnisstrafen hielten wir nichts. Geht mir heute noch so. Letzte Woche bin ich um elf Uhr abends mit dem Rad an Stammheim vorbeigefahren. Der Gefängnishof war hell erleuchtet. Sicher keine Energiesparlampen. Und ich als gesetzestreuer Steuerzahler hatte nicht einmal an meinem Fahrrad Licht.

Vielleicht wollten wir die Teddys auch bestrafen, weil wir lieber ein Haustier gehabt hätten. Ein Freund von mir hatte einen Hamster. Als der starb, haben wir einen Elektromotor von einem Kassettenrecorder an das Hamsterrad gebaut und den toten Hamster darin festgeklebt und zu seinem kleinen Bruder gesagt: »Schau, es geht ihm schon wieder besser, er macht schon Saltos.« War auch Energieverschwendung.

Jedes Hamsterrad ist Energieverschwendung. Arbeit ist ein solches Hamsterrad. Wer nicht arbeitet, stellt keine Dinge her, die in der Herstellung, in der Benutzung und bei der Entsorgung Energie verbrauchen, und er verdient kein Geld, mit dem er in den Urlaub fliegen kann, um sich dann auf Mallorca zu besaufen, weil er es sonst dort nicht aushält. Dazu brauche ich nicht in den Urlaub zu fliegen, besoffen halte ich es in Stuttgart auch aus. Faulheit ist die energiesparendste Lebenshaltung, und alles Schlimme geschieht durch Menschen, die zu viel tun.

Der Abend verlief sehr romantisch, bis Martin erzählte, dass er die Kerzen aus Energiespargründen gewählt habe.

SCHENKE MIR WAS SCHÖNES

Meerschweinchen werden fünf Jahre alt. Hamster nur zwei Jahre. Die muss man öfter nachkaufen. Frauen werden ja auch im Durchschnitt fünf Jahre älter als Männer. Statistisch. Das stimmt doch, oder? Frauen werden fünf Jahre älter. Ja? Na also, dann hat sie eh noch vier Geburtstage mehr! Außerdem hab ich ja nicht immer den Geburtstag vergessen. Es gab auch andere Zeiten, ich hab ihr ja auch schon schöne Sachen geschenkt, aber das ist dann auch vergessen.

Einmal, da hab ich ihr was geschenkt, das war nicht einmal billig. Da hab ich ihr zum Geburtstag, also nachträglich ... na ja, weil sie hat mir so einen Erinnerungszettel geschrieben, den hat sie mir dann aber nicht gegeben, sondern versteckt. Bei mir im Kleiderschrank, unter der obersten Unterhose. Ich hab den dann so zwei Wochen später gefunden und da stand drauf: »Geburtstag bitte nicht vergessen und schenk mir doch mal was Schönes oder so.« Und da hab ich überlegt, was das sein könnte. Es soll ja ihr gefallen. Und dann bin ich auf diese tolle Idee gekommen und hab heimlich in ihren Zeitschriften nachgeschaut. Was ist heute modern, was wünscht man sich?

Meerschweinchen werden fünf Jahre alt. Das stimmt, ich weiß es, weil mein kleiner Bruder genau an seinem fünften

Geburtstag ein Meerschweinchen bekam. Wir nannten es Paul und mein Vater legte ein Brett oben über den offenen Käfig. Warum, weiß ich nicht. Vielleicht damit Paul nicht wegfliegen oder damit nichts von oben hineinfallen konnte. Jedenfalls schrieb mein Bruder »Paul, Meerschwein, wird fünf Jahre alt« auf das Brett. Wahrscheinlich weil das alle Informationen waren, die er über sein Geschenk hatte. Mit Buntstift, sah lustig aus, und Paul starb tatsächlich exakt am zehnten Geburtstag meines Bruders. Hat mich damals stark beeindruckt. Sei immer vorsichtig mit dem, was du auf das Brett über dem Käfig deines Meerschweins schreibst! Irgendjemand schreibt ja immer etwas auf irgendein Brett, »Stefan, Männchen, kann nicht zuhören«, und wir glauben es und tragen es dann als Brett vor dem Kopf.

Meerschweinchen fressen und schlafen nur und reagieren kaum auf Ansprache. Da Frauen durchschnittlich fünf Jahre länger leben als Männer, könnte ein Paul also ein guter Ersatz für den Gatten sein. Meerschweinchen sind ja auch Romantiker. Manchmal ging ich mit Paul in unseren Garten und habe seinen Kopf knapp über den Rasen gehalten und er knabberte die Gänseblümchen ab.

Ich hatte kein Brett über dem Käfig, sondern einen Zettel im Wäscheschrank. »Schenke mir doch was Schönes« ... schwierig. Bisher haben wir uns bei Geschenken gut ergänzt. Meine Frau hat immer gesagt, es käme ihr nicht so auf teure Geschenke an, und von mir hat sie nie welche bekommen. Aber jetzt? Ich stand erst neben mir und sah mir selbst zu, wie ich keine Entscheidung traf. Aber dann kam ich auf diese Idee. In ihren Zeitschriften nachschauen. Was ist modern? Auf jeden Fall nicht, mit sich selbst zufrieden sein. Das war noch nie modern und heute schon gar nicht.

Das mit der Unterhose war mir schon peinlich. Wie damals, als ich dachte, mein Hemd wäre noch in Ordnung, obwohl ich es schon ein paar Tage getragen hatte. Ich hatte mir beim Bahnhof so einen To-go-Kaffee gekauft, stand aber trotzdem und hielt vor mir den Becher. Plötzlich »platsch«. Jemand hatte mir eine Münze hineingeworfen. Ich sagte: »Danke«, und wusste: »Jetzt musst du dein Hemd wechseln.«

Haben Sie schon mal so einen Psychotest ausgefüllt? Was für ein Haustiertyp sind Sie und so? Ich hab einmal einen Psychotest gemacht, aber bei einem richtigen Arzt, und das wäre gar nicht nötig gewesen, denn so viel hatte ich gar nicht getrunken.
Was für ein Haustiertyp sind Sie? Ein Goldhamster-Typ oder ein Meerschweinchen-Typ? Das kannst du doch nicht sagen. Niemand ist so etwas. Auch kein Kind. Kinder haben nur Meerschweinchen oder Hamster, weil sie sich eigentlich einen Hund wünschen, aber keinen bekommen. Oder ein Pony oder zumindest eine Katze. Und die Eltern sagen dann: »Weil du dir schon so lange ein Pony wünscht, schenken wir dir einen Hamster.« Was ist das für eine Logik?

Als Kind habe ich mir immer einen Hund gewünscht. Ein Hund und ich wäre glücklich gewesen. Ich wäre geliebt worden.

Was ist das überhaupt, Liebe? Dass man den Geburtstag nicht vergisst? Dein Hund weiß nie, wann du Geburtstag hast, aber er liebt dich trotzdem.

Wenn ich einen Hund hätte, dann könnte ich zu ihr sagen: »Warum kannst du mich nicht lieben? Mein Hund liebt mich doch auch.« Und wenn sie sagen würde: »Du liebst den Hund mehr als mich«, dann würde ich sagen, das sei übertrieben. Aber nicht sehr.

Die Freude von Annemarie K. war gedämpft, als ihr Verlobter erzählte, dass er den Diamantring etwas günstiger bekommen hatte, weil ein Fluch auf ihm lag.

SCHÖNHEITSOPERATION

 *Und da kam ich dann auf diese super Idee, hab ich ihr einen Gutschein geschenkt für eine Schönheitsoperation. Nicht, dass Sie mich falsch verstehen, sie sieht nicht schlecht aus. Nein, sie ist durchaus, vom Alter ... oder ne, sagt man nicht bei Frauen – Alter ... ist unhöflich ... aber Sie wissen, was ich meine ... sie sieht jetzt vom, vom Zeitwert – super ... Aber sie ist ja selber auch unzufrieden. Da gibt's ja oft Konflikte – wenn man mit sich selbst unzufrieden ist, dann reicht ein falsches Wort, und schon ist sie ... ich nenne Ihnen gerne ein Beispiel. Vor ein paar Tagen, sie steht im Türrahmen und fragt mich was. Sie fragt manchmal einfach so. Ich sitze da und denke nichts und sie fragt plötzlich: »Bin ich zu dick?« Und ich wollte nur wissen, was sie meint und fragte: »Wofür?«, und schon ... schwierig.*

Nein, so eine Operation, das ist heutzutage völlig normal. Im Fernsehen zeigen die das ständig. Gerade die privaten Sender. Diese Dokumentationen oder Werbung oder Shows. Meistens Dokumentationen, weil man wird ja auch informiert. Man lernt ja etwas.
Vor kurzem, da habe ich so rumgezappt mit der Fernbedienung, von einem Programm zum nächsten, da sind die direkt mit der Kamera mit in den Operationssaal hinein. Ganz nahe dran, man hat alles gesehen, wie die da herumschneiden, im Fleisch und Fett

und Knochen. Am Anfang war ich mir gar nicht sicher: Ist das jetzt schon wieder eine Schönheitsoperation oder ist es doch schon wieder eine Kochsendung? Da muss man aufpassen, dass man das nicht versehentlich nachkocht.

Nein, sie ist wirklich nicht zu dick. Sie ist schlanker als ich, und ich bin auch nicht dick, obwohl ich schon gerne zwei oder drei Kilo weniger hätte. Manchmal habe ich die auch weniger und dann hätte ich gerne noch mal zwei oder drei Kilo weniger. So muss es Millionären gehen. Eigentlich habe ich genug, aber wenn ich noch eine Million mehr hätte, dann wäre ich ganz zufrieden. Und dann hat er die eine Million mehr, denn »wer hat, dem wird gegeben« steht schon in der Bibel, und dann denkt er: »Jetzt noch eine Million«, und so geht das immer weiter, bis er irgendwann stirbt. Und dann denken seine Kinder: »Ein schönes Erbe, aber eine Million mehr wäre schon noch schön gewesen.«

Nur wofür? Man sollte viel öfter die Frage »Wofür?« stellen. »Bin ich zu dick?« »Wofür? Für mich, für dich, für Heidi Klum?« Niemand ist einfach so zu dick oder zu klein oder zu dumm. Man ist vielleicht zu dick oder zu klein oder zu dumm für eine bestimmte Sache oder einen bestimmten Menschen, aber braucht man wirklich Menschen, für die man zu dick, klein oder dumm ist?

Bin ich zu dick? Wofür? Seltsam, dass Ehrlichkeit so oft verletzend ist. Kennen Sie das, wenn man gerade an jemanden denkt und genau in dem Moment ruft dieser Mensch an? Dann sagt man meistens: »Du, ich hab grad an dich gedacht und genau in dem Moment hat es geklingelt.« Das sagt man dann immer, obwohl es meistens doch eher so ist, dass man gerade an jemanden Bestimmtes nicht denkt und genau in dem Moment ruft dieser an und dann sagt man auch nicht: »Du, ich hab grad nicht an dich gedacht und genau in dem Moment hat es geklingelt«, weil Ehrlichkeit verletzend wäre.

»... die Wahrheit wird euch frei machen.« Sie möchte halt, dass ich ihr das sage, was sie hören will, und zwar ehrlich und spontan. Ich sag dann lieber nichts. Nichts ist schnell gesagt und man muss es hinterher nicht bereuen.

Bin ich zu dick? Haben Sie schon mal eine Diät versucht? Wahrscheinlich. Die meisten haben schon Diäten versucht. Aber Diäten sind gemein. Wenn man eine Tafel Schokolade zehn oder zwölf Mal am Tag nicht isst und sie dann einmal doch isst, dann zählen die zehn oder zwölf Mal, die man sie nicht gegessen hat, nicht mehr. Völlig unfair. Und trotzdem hat man das Gefühl, man wäre auf Diät, weil man sich ja den ganzen Tag gequält hat, und man wiegt sich am nächsten Morgen in falscher Hoffnung und mit einem echten Kilo zu viel, obwohl die Tafel nur 100 Gramm hatte.

Light-Produkte bringen auch nichts. Da können wir noch so oft zum Cheeseburger-Menü mit Pommes die Cola light nachholen, wir nehmen nicht ab. Süßstoff wird zur

Ferkelmast verwendet, obwohl er teurer ist als Zucker, weil die Tiere damit schneller zunehmen. Hat mir ein Fleischlieferant erzählt. Also der Mensch. Bei Fleischlieferant ist es ja ein Unterschied, ob man den Menschen oder das Tier meint.

Ich weiß, woher meine Kilos kommen. Ich esse manchmal beim Fernsehen. Ich schaue nicht sehr viel fern, aber zwei, drei Stunden am Tag sind es schon – manchmal finde ich es auch schade, dass man nicht mehr liest, aber man hat ja keine Zeit mehr.

Als sich bei Babette erste
Fältchen zeigten, fragte
sie Rolf, ob es nicht
Zeit für eine Schönheits-
operation wäre.

SEHEN DANN ALLE GLEICH AUS

 *Schönheitsoperationen sind so normal heutzutage. Das macht jeder. Oft weiß man es nur nicht, weil die Menschen nicht darüber reden. Aber was man den Medien so entnimmt, macht das jeder.*
Da wird sich manche Erbengemeinschaft noch ganz schön wundern, wenn dann plötzlich bei der Beerdigung von ... wen nehmen wir? ... egal, sagen wir Tante Clara, plötzlich die Sondermüllabgabe fällig wird! Weil es ist halt doch nicht mehr alles bio. Dann heißt es: »Asche zu Asche und Silikon zu Kunststoff«.
Wenn das so weitergeht mit dieser Mode, wird es bald bei einem Todesfall drei Beerdigungen geben müssen. Grauer, brauner und gelber Sarg. Wird teuer! Höchstens man kann es wiederverwerten, also recyclen. Dann trifft man vielleicht eine alte Bekannte und sagt: »Mensch, du siehst aber gut aus!« Und sie antwortet: »Ja, die Figur hab ich von meiner Mama geerbt.«

Was wäre schon schlimm daran, wenn alle Frauen und alle Männer gleich aussähen? Was ein Mal schön ist, das ist auch zehn Mal schön. Wenn das gegen die Menschenwürde sein soll, dann frag ich mich, warum im Grundgesetz steht: »Alle Menschen sind gleich.« Die Äpfel im ALDI sehen auch alle gleich aus und die Hamburger bei McDonald's auch. Gut, für Frauen ist es vielleicht schlimm, wenn auf einer Feier zwei dasselbe Kleid tragen, aber dieselbe Nase ist doch kein Problem.

Vielleicht gibt es irgendwann den günstigen Volksbusen von der Bildzeitung. Das wäre höchste Zeit, damit sich endlich alle Menschen dieses Glück leisten können.

Wenn sich immer mehr Menschen operieren lassen, dann sehen die, die sich das nicht leisten können, bald alt aus. Und die soziale Schere geht immer weiter auseinander, aber mit ihr können wir nicht operieren.

Vielleicht sollten die Menschen, die sich Operationen nicht leisten können, mehr in Eigenleistung machen. Anti-Aging, das man sich auch nach der nächsten Nullrunde noch leisten kann. Viel zu Fuß gehen und Wasser trinken zum Beispiel. Am anderen Ende des Menschenregals, bei den sogenannten Prominenten, sind sowieso schon alle von oben bis unten durchoperiert. Die sind fertig. Da haben die Ärzte schon Angst, dass ihnen die Arbeit ausgeht, weil auch jeder Prominente leider nur einen Körper hat. Na, denen wird schon was einfallen. Vielleicht, dass man es mit dem Schönheitsideal mal so macht wie mit der Kleidermode. Dass es jedes Jahr wechselt. Den Busen trägt man dieses Frühjahr wieder ... was weiß ich, tiefer vielleicht.

Freiheit, Gleichheit und Brüderlichkeit. Vor allem Gleichheit. Perfekt ist perfekt, und wenn zwei Schüler bei Mathe alles perfekt gerechnet haben, dann sieht das Ergebnis eben gleich aus. Logisch. Nur Fehler machen individuell. Wie bei den Gurken oder bei den Bananen – die dürfen sogar krumm sein, nur gleich müssen sie sein, also die Bananen, alle gleich krumm. Das ist okay. Die gerade Banane ist das Problem, und die matschige. Und das ist beim Menschen auch so. Nicht nur beim Aussehen, auch bei den matschigen Stellen, also beim Denken und Fühlen.

Wenn der Mensch vermarktet werden soll, oder sprechen wir lieber von den Bananen, dann müssen sie alle gleich sein, sonst kriegt man ja nicht 1000 von den Dingern rein in so eine Kiste.

Der menschliche Körper wird wegen der vielen Maschinen eben als Produktionskraft nicht mehr gebraucht, aber man kann ihn immer noch als Produkt benutzen. Früher haben wir hergestellt, heute werden wir hergestellt.

Auch die nordkoreanische Armee weiß die Schönheit der Gleichheit zu schätzen. Natürlich kann man zu Korea geteilter Meinung sein, weil es ja auch geteilt ist, aber marschieren können sie, die Nordkoreaner.

Gibt es eigentlich eine olympische Disziplin in rhythmischer Kriegspropaganda? Während bei uns die Kinder zum Schulausflug ins Kino gehen, weil die Lehrer keine Lust haben, mit dem chaotischen Haufen zu wandern, wird dort marschiert.

In der Familie oder in der Schule lernen wir nicht mehr wie früher, im Gleichschritt zu denken. Dafür aber in den Medien und besonders in der Werbung. Erst wünschen wir uns alle das Gleiche und dann denken wir alle das Gleiche und dann sehen wir alle gleich aus. Zum Beispiel denken die meisten Kinder, fleckige Äpfel seien komisch. Dabei ist der Apfel an sich fleckig, aber alle Äpfel müssen gleich aussehen, weil wir alle das Gleiche über schöne Äpfel denken. Und über Menschen auch. Heidi sucht nicht die Schönste, sondern sie sucht die Norm, damit wir uns vergleichen können. Damit wir wissen, wie hässlich wir uns fühlen dürfen.

Übrigens, was meine Frau betrifft: Es hätte nicht gleich die ganze Figur sein müssen. Hätte ja auch was Kleineres gereicht. Die machen ja alles, Augen, Nase, Lippen. Lippen, nicht nur im Gesicht! Die haben keine falsche Scham mehr. Frauen machen so was. Die gehen auch regelmäßig zum Gynäkologen. Nur wenn man als Mann in ihrer Handtasche herumwühlt, dann werden sie sauer.

Nicht beabsichtigte Auswirkungen der Plastischen Chirurgie

DER ERSTE EINDRUCK

Sie war völlig baff. Sie sagt: »Was hast du dir denn dabei gedacht?« Ich sag: »Liebling, das ist dein Geburtstag, da hab ich mir gar nichts dabei gedacht.« Aber ich hab mir schon was dabei gedacht. Ich dachte, das wäre auch was für die Beziehung. Dass wir wieder näher zusammenkommen. Weil ich hätte sie ja auch begleitet zur Schönheitsoperation. Warum nicht? Moderne Männer gehen ja auch mit zur Entbindung. Warum soll ich da nicht mit zur Schönheitsoperation? Ist doch ein wunderschöner Augenblick, wenn was Neues auf die Welt kommt. Ich hab mich schon auf den Klaps auf den Po gefreut. Also man macht das ja bei den Babys nach der Geburt. Und die bieten das auch an – also Pobacken vergrößern –, obwohl das die meisten gar nicht nötig haben. Und das ist gar nicht billig. Da muss man aufpassen, dass man genug Geld dabeihat, damit es dann auch für beide Pobacken reicht. Sonst kippt man nachher in der Kneipe immer vom Barhocker. Ist für Männer normal, aber für Frauen eher peinlich.

Obwohl das eigentlich mal was für Männer wäre, das mit den Pobacken. Hab ich gelesen. Frauen schauen bei Männern nicht als Erstes aufs Gesicht, sondern auf den Hintern. Unbewusst. Das merken Sie als Frau gar nicht. Da kann es Ihnen passieren, dass Sie als Frau durch die Fußgängerzone lau-

fen und plötzlich denken: »Boah, ist mir schlecht«, und Sie
wissen gar nicht, wieso. Unbewusst, aber der erste Eindruck.
Und das ist natürlich gefährlich, weil der erste Eindruck ist ja
der bleibende, und dann muss man sich nicht wundern, wenn
viele Frauen nach Jahren, wenn sie sich an ihre Ex-Partner
zurückerinnern, nur noch denken: »Was für ein Arsch!«

Man lernt ja die meisten Menschen erst mal von hinten kennen. Und später sagt man: »Wenn ich das vorher gewusst hätte.« Meine Mitschüler lernte ich alle erst mal von hinten kennen, höchstens noch von der Seite, weil ich immer in der letzten Reihe saß. In der letzten Reihe wird weniger von einem gefordert. Dachte ich zumindest.
Aber es hat Vorteile, wenn man Menschen erst mal von hinten kennenlernt. Man ist dann darauf angewiesen, zu hören, was sie sagen, wie sie so sind, und nicht, wie sie aussehen. Eine meiner besten Freundschaften ist von hinten entstanden. Durch ein Missverständnis, das nur von hinten möglich ist. Ich hatte einen Vorgesetzten, den ich nicht besonders mochte. Hat man ja manchmal. Er hatte mir nichts getan, aber ich dachte, er würde mich nicht besonders mögen, und deshalb mochte ich ihn auch nicht besonders. Bis zu einem Missverständnis in der Buchhaltung. Er stand in der Tür mit dem Rücken zum Flur. Von hinten sah er aus wie ein guter Freund von mir. Ich schlug ihm auf die Schulter und rief: »Hi, schön dich zu sehen.« Er drehte sich um und war sehr überrascht, von mir so freudig begrüßt zu werden. Er

dachte nämlich bisher auch, dass ich ihn nicht besonders mögen würde.

Dieses wunderbare Missverständnis war der Beginn einer wunderbaren Freundschaft. Manche Streitereien entstehen aus Missverständnissen, aber manche Freundschaften eben auch.

Wenn man von hinten gesehen wird, weiß man auch nicht, dass man gesehen wird. Wenn man von vorne gesehen wird, gibt man sich Mühe, um so gesehen zu werden, wie man gerne gesehen werden möchte. Wenn mir eine attraktive Frau gegenübersteht, versuche ich erst mal, cool zu wirken. Wenn ich Glück habe, habe ich gerade einen Kaugummi im Mund. Ich gehöre noch zum alten Schlag, zu denen, die denken, mit einem Kaugummi im Mund lässiger auszusehen. Ich kaue dann etwas deutlicher, damit man es auch sieht, und komme mir damit schon wieder uncool vor. Ich erinnere mich an die Kühe, die in meiner Kindheit hinter unserem Haus auf der Weide standen. Damals durften Kühe noch draußen stehen und manchmal haben sie den Zaun umgeworfen, weil sie immer an das angeblich grünere Gras auf der anderen Seite wollten, und das war eben unsere Seite. Dann standen 20 Kühe in unserem Garten und der Bauer kam mit dem Motorrad und hat sie wie ein Cowboy zurück auf die Weide getrieben. Für uns Kinder ein großartiges Erlebnis und ich mochte Kühe sowieso. Schade, dass man sie kaum noch sieht. Von mir aus könnten sie manches Theater schließen, aber dass Kühe nicht mehr auf der Weide stehen, finde ich einen wirklichen Verlust für unsere Kulturlandschaft. Könnte man Patenschaften für Kühe übernehmen, damit sie wieder auf der Weide stehen dürfen, da wäre ich dabei. Dann darf man seiner Kuh auch einen Namen geben, denn die meisten Kühe haben heute keine Namen mehr. Dabei gibt es so schöne Kuhnamen, und einmal im Jahr bekommt man von seiner Kuh einen Liter Milch und einen Brief. Kühe sind wirklich cool. Sie tun nicht nur so. Immer lässig am Kauen, und sogar die Frauen von denen pinkeln im Stehen.

Vielleicht hat man sich in manchen Menschen nie verliebt, weil man ihn immer nur von vorne gesehen hat.

Helen fand, dass ihre
Tochter und ihr neuer
Freund, abgesehen von
ihm, ein tolles Paar
waren.

VERLÄNGERUNG

Sie hat mir den Gutschein zurückgegeben. Sie sagt: »Ich brauch keine Vergrößerung, wenn, dann brauchst eher du eine Verlängerung.« Ich wusste erst gar nicht, was sie meint. Hab nur gelacht. Bin dann später im Internet, aber eher zufällig, auf so eine Seite gestoßen: »Durchschnittliche-Penislaenge.de«. Ja, das gibt es wirklich, gibt sogar eine EU-Norm. EU-Norm 600. Klar, das Internet, das sind Milliarden von Seiten, die will man vollkriegen, da muss man auch so Sachen reinschreiben, die keinen interessieren. Durchschnittliche Penislänge, das interessiert ja wirklich keinen. Ich hab da mal nachgemessen. Aber nicht so genau! Da hat sowieso was mit dem Lineal nicht gestimmt an dem Tag. Woher wollen die überhaupt die Zahlen wissen für so eine Statistik? Vom Media Markt? Zu mir sagt die Verkäuferin an der Kasse immer nur: »Dürfte ich bitte Ihre Postleitzahl wissen, für die Statistik.« Klar! Kennt man! Aber: »Dürft ich bitte noch Ihre Penislange wissen, für die Statistik«, das fragt doch keine. Da könnten sie ja gleich am Ausgang die neuen Nacktscanner vom Flughafen installieren, und wenn man durchläuft und er ist zu kurz, dann piepst es oder was? Und wenn man nach Hause kommt, hat man gleich zehn neue Spammails. Penisverlängerung.

Kriegen Sie auch immer diese Spammails, bei denen man sich fragt: »Warum schicken die das immer ausgerechnet an mich?«? Nur weil man mal Kondome mit Größenangabe bestellt hat. Die greifen inzwischen nach dem kleinsten Strohhalm.
Verlängerung. Ich würde das nie machen! Man weiß ja gar nicht, wie das funktioniert. Schreiben die ja nicht dazu. Immer Werbung, Verlängerung, aber wie ... Wahrscheinlich wissen die das selber nicht. Schneiden die das durch und setzen was ein? Aber woher kommt das? Ist das eine Organspende? Von einem Eunuchen? Nachher kann man im Knabenchor mitsingen. Oder man hat eine ganz tiefe Stimme, aber dafür ein schwarzes Mittelstück.

Bevor Sie jetzt das Buch zur Seite legen und nachschauen, ob es diese Seite im Internet gibt, muss ich zugeben, ich habe geschummelt. Aber die EU-Norm 600 gibt es wirklich. Wegen der Kondomgrößen.

In den letzten Jahren hat der Begriff »EU-Norm« ohnehin eine ganze neue Bedeutung bekommen. Nicht nur Bananen oder Gurken, sondern ganze Länder müssen sich fragen: »Entspreche ich der EU-Norm?« Die Griechen zum Beispiel. Die haben ja die Demokratie erfunden und auch die Philosophie, aber mit den EU-Normen haben sie Probleme. Scheint eine andere philosophische Richtung zu sein. Platon und Sokrates waren der Ansicht, dass der freie griechische Bürger von der Last der Arbeit befreit sein sollte. Dann kann er sich der Politik oder dem Golfen widmen. Hat lange Zeit funktioniert, entspricht aber nicht der EU-

Norm. Dabei gibt es so vieles, das nicht einer Norm entspricht. Stefan hat sich sehr bemüht, aber der Norm für das normale Menschsein nicht entsprochen.

Na ja, wenn es für die Gurken im Supermarkt schon Norm-Vorschriften gibt, dann muss es die für den Menschen eben auch geben. Der Mensch ist ja das Maß aller Dinge. Zumindest haben sie im Humanismus so darüber gedacht. Sie wissen schon, Leonardo da Vinci. Der Mensch, das Maß aller Dinge, und dann hat er einen perfekten Menschen gemalt. In einem Kreis, weil der Kreis eine vollkommene geometrische Figur ist. Er war seiner Zeit weit voraus.

Der perfekte Mensch ist das Maß aller anderen Menschen, so müsste man heute sagen. Aber wer sagt uns, was perfekt oder zumindest gut genug ist? Man sagt doch auch, alles sei relativ. Die ewige unveränderliche Lichtgeschwindigkeit ist relativ, aber das Schönheitsideal in den Zeitschriften nicht, oder was? Oder ist die Lichtgeschwindigkeit das Einzige, was nicht relativ ist? Kann sein, weiß ich nicht mehr. Das Licht kann man ja nicht bewerten, weil es immer so schnell wieder weg ist, während wir wie versteinert stehen bleiben, wenn uns jemand beurteilt. Einstein wusste, dass alles relativ ist, deshalb hat er die Zunge rausgestreckt.

Und wer legt fest, wie lang Lineale sein müssen? Die gleichen Spinner, die die Schönheitsideale in den Zeitschriften festlegen? Ein Meter ist die Strecke, die das Licht im Vakuum im 299 792 458-ten Teil einer Sekunde zurücklegt. Lineale stimmen angeblich immer, das wissen wir aus der Schule. Wenn wir etwas gezeichnet haben, vielleicht einen Kreis, und dann kam der Lehrer zum Nachmessen, und wenn Kreis und Lineal nicht übereinstimmten, dann war immer der Kreis falsch und nie das Lineal. Und dann gab es mit dem Lineal eins auf die Finger. Aua. Und wenn wir uns im Spiegel anschauen, dann kommt irgend so ein Photoshop-geschminkter Star, und wenn wir nicht mit ihm übereinstimmen, dann sind immer wir falsch und nie er. Aua.

Lineal. Normal. Ideal. Wenn man den falschen Maßstab hat, wird man sich immer zu kurz vorkommen.

Herr D. bereute es, sich
im Internet Kondome mit
Größenangabe bestellt zu
haben.
Seither bekam er jeden
Tag Spammails für
Penisverlängerung.

AW 2013

PARTNERBÖRSEN

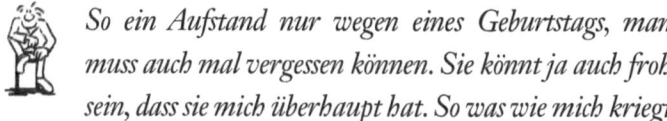 *So ein Aufstand nur wegen eines Geburtstags, man muss auch mal vergessen können. Sie könnt ja auch froh sein, dass sie mich überhaupt hat. So was wie mich kriegt man heutzutage auch nicht mehr so leicht. Dass sie sich mal morgens zu mir rüberdreht und sich fragt: »Womit habe ich das überhaupt verdient?«*

Es gibt ja sehr viele Singles in Deutschland. Und die meisten Singles sind alleinstehend oder Menschen, die schon eine feste Partnerschaft haben – oder sagen wir besser Beziehung, weil »Partnerschaft« ist nicht immer das richtige Wort –, aber unzufrieden sind, weil sie es mittlerweile gewöhnt sind – vom Strom oder vom Telefon –, dass man alle paar Monate den Anbieter wechselt. Da wird dann die ewige Liebe gerne mal in der Probezeit schon wieder zurückgegeben. Deshalb gibt es ja auch diese ganzen Partnerbörsen. Im Internet wimmelt es ja davon.
Partnerbörsen. Börse, kennt man ja normalerweise von Frankfurt. DAX, Dow Jones – genauso romantisch sind die Partnerbörsen im Internet auch. Genauso romantisch, wie sie klingen. Börse – das ist so romantisch wie AutoScout, der Gebrauchtwagenhandel im Internet. Bei den Partnerbörsen müssen Sie auch alles angeben. Alter, Größe, grad, dass Sie Ihren alten Partner nicht in Zahlung geben können.

Gut, ich schau mir so was gar nicht an, denn wenn man sich,
wenn man in einer Beziehung lebt – und auch wenn es nicht
immer leicht ist –, nebenher schon informieren würde, was es
noch alles gibt, das wäre ja eine Sauerei. Außerdem funktio-
niert das eh nicht. Allein schon die Fragen. Ich nenne Ihnen
mal ein Beispiel: Frage 63: Schlafen Sie bei offenem Fenster?
Da fragt man sich dann schon: »Wollen die mir eine Partnerin
vermitteln oder einen Einbrecher?« Und kann ja jeder rein-
schreiben, was er will, kontrolliert keiner nach. Der eine gibt bei
Hobby an Badminton, weil er früher mit seiner Mama im Hof
Federball gespielt hat. Oder was auch ganz viele schreiben bei
Interessen: Outdoor. Da fragt man sich auch: »Ist der im Knast
und will raus oder was?«

Man muss heutzutage schon aufpassen in Beziehungen.
Wer nicht zufrieden ist, sucht sich schnell was Besseres.
Na ja, zumindest etwas, von dem er glaubt, dass es besser ist. Durch diese Partnerbörsen im Internet besteht ja
neuerdings ein Angebot wie bei den Joghurts im Supermarkt. Wir hatten einige Meter von unserem Haus noch
einen richtigen alten Tante-Emma-Laden. Kein Supermarkt. Unsere Tante Emma hieß zwar nicht Emma, aber
aus Datenschutzgründen nennen wir sie so, obwohl sie es
selbst mit dem Datenschutz nicht so genau nahm. Man
bekam bei ihr Grundnahrungsmittel und Tratsch. Beides
immer nach dem Motto »Darf es ein bisschen mehr sein?«.
Jeder wusste alles über jeden im Dorf und das nur, weil
er Joghurt brauchte. Tratschtante haben wir gesagt. Heute
würde man Whistleblower sagen und die CIA müsste

nicht Internetkabel auf dem Meeresgrund anzapfen, sondern einfach Joghurt kaufen gehen, wenn sie ihre Gegner ausspionieren will.

Bei Tante Emma stand man nicht vor einem fünf Meter langen Joghurtregal wie in den heutigen Supermärkten und blickte in das ganze Elend seines Lebens und fragte sich, wie man es wohl jemals zu etwas bringen sollte, wenn man nicht mal in der Lage wäre, sich spontan für den richtigen Joghurt zu entscheiden. Nein, man sagte einfach: »Einen Joghurt bitte.« Und dann bekam man einen Joghurt, und es wurde nicht nachgefragt: »Welchen?«, weil es keine Welchen gab, sondern nur Joghurt eben, und sie wählte dann den richtigen aus, und das war der, der am nächsten am Haltbarkeitsdatum war, oder am weitesten darüber. Einfach der, der es nötig hatte. Und manche hatten es sehr nötig. Auch wenn sie ein wenig rochen, kam meine Mutter nicht auf die Idee, sie zurückzubringen, sondern wir mussten sie trotzdem essen, sonst ohne abgelaufenen Joghurt ins Bett. Einfach der, der es nötig hatte. Eine gerechte Wahl, und so sind früher auch die Töchter von ihren Eltern verheiratet worden. Die Älteste zuerst, sonst gibt es gar keine. Ohne Tochter ab ins Bett. Bei den Partnerbörsen ist es umgekehrt. Viele schummeln mit dem Alter und machen sich jünger.

Hat man schon ein schlechtes Gewissen, weil man etwas älter ist und immer noch geliebt werden möchte? Schwer vermittelbar wie auf dem Arbeitsmarkt? Ab 50 Jahre braucht man sich gar nicht mehr bewerben? Hat man Angst, dass das beim Internetflirt klingt wie: »Vorbestraft, aber ohne Bewährung«? Älter wird man aber meistens ohne Bewährung. Alt, aber nicht bewährt.

Ich bin immer misstrauisch, wenn Partnerbörsen Beziehungstipps geben. Die wollen doch, dass die Beziehungen scheitern, damit wir wieder Kunden werden. Manchmal sehnt man sich dann wieder nach der vielleicht langweiligen langjährigen Beziehung, in der man aber doch irgendwie entspannter ist, weil man den anderen nicht mehr enttäuschen kann, weil der einen eh schon kennt.

Die größte Partnerbörse ist übrigens »Neu.de«. Man bekommt da aber auch Gebrauchte.

Aufregende Begegnungen

1990

2013

ANGEBOT UND NACHFRAGE

Die Liebe ist Marktwirtschaft geworden. Man bekommt theoretisch alles, aber in Wirklichkeit nur so viel, wie man auch selber anzubieten hat. Dann muss man sich nicht wundern. Aber wundern tun wir uns manchmal über die Inder oder die Moslems, weil da oft die Eltern die Ehen arrangieren, und dann denkt man, dass das doch unmenschlich ist, aber bei uns geht das nach Angebot und Nachfrage, das ist auch nicht menschlicher. Nein, dann muss man sich nicht wundern, wenn man keinen attraktiven Partner findet, wir sind ja hier nicht im Sozialismus. Bei AutoScout schreibt man ja auch nicht rein: »Suche neuwertigen Porsche, tausche gegen Polo, Liebhaber-Fahrzeug, gelegentlicher Defekt an der Einspritzpumpe.« Wenn Sie auf diese Weise in diesem System Ihre Mrs. Perfect finden wollen, dann vermute ich, dass Sie die erst aufblasen müssen, bevor Sie sich mit ihr unterhalten können.

Ja, die Liebe ist ein Geschäft, bei dem man denkt, man würde einkaufen, und in Wirklichkeit verkauft man sich. Der Mensch wird wieder zur Ware, aber er behält seine Würde, weil er sich ja selber verkauft. Und weil die Liebe ein Geschäft ist, deswegen sind bei uns auch die Werte wieder so wichtig. Also nicht wie früher die inneren Werte, sondern der wesentliche, der Marktwert. Man muss wissen, wie hoch der eigene Marktwert ist:

Reicht es für diesen Partner schon oder muss ich noch was nachbessern?

Erkenne dich selbst. Das haben ja schon die alten Griechen gesagt. Wahrscheinlich waren die alten Griechen zu alt für die Partnerbörse und dann kamen sie auf solche Ideen. Zumindest die Philosophen unter ihnen, die anderen gingen einfach auf den Sklavenmarkt, eine sehr frühe Form der Partnerbörsen.
»Erkenne dich selbst«, das sagen sich heute auch manche und hoffen, dass das, was sie dabei erkennen, etwas ist, das ihnen gefällt. Und das anderen vielleicht auch gefallen könnte, damit sie damit auf dem Markt handeln können.

»Iss was und lerne was, damit mal was aus dir wird«, haben die Alten immer gesagt. Ich habe zumindest immer gegessen, aber was ist aus mir geworden? Ich weiß es nicht. Im Spiegel sehe ich mich nur so, wie ich mich sehe. Aber wie sehen mich die anderen? Und dann füllen wir Psychotests aus und zählen zusammen, wie oft wir A oder C sind, und dann kommt raus, ob und was aus uns geworden ist.

Mensch, erkenne dich selbst. Vielleicht heißt das ja, dass wir uns selbst erkennen sollen. Dass wir es selbst tun sollten, dieses Erkennen. Ich will mich nicht erkennen über das, was andere über mich denken. Wenn ich davon abhängig bin, wie andere mich sehen, dann muss ich mich auch so verhalten, wie andere das wollen, dann bin ich

wie der Grieche auf dem Sklavenmarkt, aber als Ware.
Freiheit heißt: »Ich denke über mich, was ich will.«
Sind wir freier als die Menschen früher? Heute schämt
man sich nicht mehr, weil man den *Playboy* kauft, sondern man schämt sich, dass man sich dafür schämt, ihn
zu kaufen.

Ich habe übrigens das Märchen vom Froschkönig nie verstanden. Die Prinzessin wirft den Frosch an die Wand
und als Dank verwandelt er sich in einen wunderschönen
Prinzen.
Wie viele Frösche und Wände wohl schon unter diesem
Märchen gelitten haben? Man muss dankbar sein, dass
die meisten Mädchen Ekel davor haben, einen Frosch
anzufassen, sonst wären mehr Frösche und Kröten durch
Prinzessinnenhand gestorben als auf Autobahnen.

Vom Frosch zum Prinzen verwandelt – bei vielen verläuft
diese Metamorphose eher umgekehrt und man müsste
dieses Märchen vielleicht rückwärts erzählen, damit es
glaubwürdiger wird.

Ich habe nie verstanden, was uns dieses Märchen sagen
will. Vielleicht: »Wenn du ein Frosch bist und eine Prinzessin willst, musst du eine Kugel haben und zwar eine
goldene, sonst kannst du dir dieselbe geben.«
Ich hätte das Märchen anders enden lassen: Der Froschkönig saß als schleimiger Frosch mit am Tisch beim
königlichen Festmahl und dann kam die Tante der Prin-

zessin, die früher auch eine wunderschöne Prinzessin war, aber inzwischen schon zu viele Festmahle hinter sich hatte, und die hat den Frosch einfach übersehen und hat sich auf ihn gesetzt. Und der Froschkönig, wie jeder Politiker, klebte an seinem Stuhl. Und wenn er nicht verwest ist, dann klebt er noch heute.

»Regelmäßiger Sex macht attraktiver« stand vor kurzem als gute Nachricht in irgendeinem Märchenbuch oder einem Lifestyle-Magazin. Also wenn Ihr Partner Sie das nächste Mal verführen will, seien Sie vorsichtig. Es könnte auch sein, er will Sie verlassen und nur noch schnell seinen Marktwert steigern.
Die schlechte Nachricht stand auch dabei: »Selbstbefriedigung zählt nicht dazu.« »Schatz entschuldige, dass ich schon wieder zu spät bin, aber ich habe mich eben noch schön gemacht«, das funktioniert nicht als Entschuldigung.

Fast alles in Claudias
Wohnung war nun so,
wie sie es sich
wünschte.

EIN KUSS

Liebe ist ein Geschäft. Das ist ja auch von der Natur schon so vorgesehen. Das beste Beispiel ist ein intimer Zungenkuss. Ja, ich hab das im Fernsehen gesehen. Da sprach so ein Kussforscher – gibt's wirklich, Philematologen –, der hat gesagt, dass ein Kuss, ein intimer Zungenkuss, gar nicht romantisch sei, sondern das sei von der Natur aus eine biochemische Analyse der Gene des Partners. Verstehen Sie? Ihre neue Bekanntschaft hat noch die Zunge in Ihrem Hals, da weiß die schon, dass Ihre Gene scheiße sind und an was für Krankheiten Sie mal sterben. Da nützt auch das Gen-Diagnostikgesetz der Bundesregierung nichts.

Ich hab mir dann gedacht, das wäre vielleicht für Arbeitgeber interessant, diese Erkenntnis mit dem Kuss. Da könnte man viel Zeit sparen beim Vorstellungsgespräch. Ein Vorstellungsgespräch ist ja nichts anderes als ein erstes Rendezvous, oder ein Rendezvous ist nichts anderes als ein Vorstellungsgespräch. Man möchte was vom anderen kennenlernen und man möchte einen guten Eindruck hinterlassen, wenn man an der Stelle interessiert ist. Man beobachtet sich.

Körpersprache! Ganz wichtig. Beim Vorstellungsgespräch weiß man das ja, aber auch beim ersten Date ist Körpersprache wichtig. Gerade für Männer. Also dass die die Körpersprache der Frauen verstehen können. Weil – das hab ich auch gelesen –

Frauen zeigen mehr nonverbal als verbal. Wenn man sich jetzt mal überlegt, wie viel Frauen schon verbal zeigen und das muss man ja alles verstehen.

Ich kann Ihnen da mal einen Tipp geben, aber jetzt leider nur für die Männer. Wenn Sie jemanden kennenlernen, also als Mann, und Sie treffen sich mit der Dame, sagen wir mal im Café, und die Dame sitzt Ihnen gegenüber und Sie reden, als Mann – warum auch nicht, am Anfang redet man ja auch mal ganz gerne. Auto, Hobbys, Einkommen – na ja, Einkommen vielleicht besser nicht, aber was halt so ist – und wenn die Dame Sie dann nicht so direkt anstarrt oder ganz zur Seite schaut, sondern so den Kopf ein bisschen zur Seite neigt, also den Nacken ein bisschen freilegt und den Blick so scheu nach unten wirft, während Sie mit ihr reden, dann sind Sie für sie interessant! – Oder so langweilig, dass sie nebenher unterm Tisch ihre SMS checkt, das kann auch sein.

Kennen Sie das, wenn Sie sich mit jemandem unterhalten und plötzlich denken: »Mensch, bin ich langweilig«, und dann versucht man, was Interessantes zu sagen, und damit macht man es noch schlimmer? Und wenn sie schon nach zwei Sätzen sagt: »Ich hab das Gefühl, dass wir uns schon ewig kennen«, und Sie verstehen das im Sinne von Vertrautheit, aber sie meinte es im Sinne von Langeweile? Das liegt dann meistens an beiden. Und es gibt ja solche Menschen, bei denen hat man nach fünf Minuten schon das Gefühl, dass man sich jetzt eigentlich alles gesagt hat. Ein netter Mensch, aber ich wüsste nicht, was ich mit dem jetzt noch reden sollte. Kommt öfters vor und ist nicht schlimm. Problematisch ist es nur, wenn man diesen Menschen dann heiratet.

Was ist das überhaupt, Liebe? Die Rose ist rot, die Liebe ist ... ja was? Manchmal heißt »Ich liebe dich« einfach nur »Ich brauche dich«. »Ich liebe dich«, sagt der Fuchs zum Hasen. Jeder bekommt jemanden zugeteilt und den soll er dann lieben. Na ja, die meisten bekommen jemanden und manchmal ist Liebe auch nur ein anderes Wort für »Sei froh, dass du überhaupt jemanden hast«. Und die, die jemanden haben, wünschen sich manchmal den Reiz des Unbekannten, und die, die niemanden haben, wünschen sich auch den Reiz des Unbekannten, nur dass sie ihn nicht finden, weil er ja unbekannt ist. Und manchmal wünscht man sich nur deshalb den Reiz des Unbekannten, weil der Partner, mit dem man schon lange zusammen ist, auch ein Unbekannter ist. Der aber nichts mehr von sich preisgeben will, von seiner uns unbekannten Seite, die wir vielleicht wieder lieben könnten. Vielleicht kennt er sie aber selber nicht, diese unbekannte Seite in sich, oder wir wollen sie nicht sehen. Wir sind uns selber Unbekannte, und wir versuchen uns im anderen kennenzulernen. Sag mir, dass du mich liebst, dann weiß ich, wer ich bin, ich bin dann der, den du liebst. Ich bin. Und wenn das nicht mehr geht, dann eben hassen. Ich bin der, den du hasst. Immer noch besser, als gar nichts zu sein. Wenn du mich hasst, dann weiß ich wenigstens, dass ich dir nicht egal bin.

Das ist auch so ein Spruch, den wir als Kinder oft gehört haben: »Immer noch besser als gar nichts.« Ich glaube, asiatischen Kindern wird das nicht so oft gesagt. Sie wissen ja, Feng Shui und so. Vielleicht sagt man zu denen: »Immer noch besser als irgendwas.« Feng Shui für die Partnerwahl. Alleinsein ist immer noch besser als irgendwas.

Und trotzdem sind Verlieben und Liebe vielleicht das Eindrucksvollste, was uns passieren kann. Alles bekommt einen Sinn und wird sinnlich. Gerade weil die Liebe so besonders ist, sollten wir vorsichtig sein, wenn wir sie in die Hände derer geben, die damit Geld verdienen wollen.

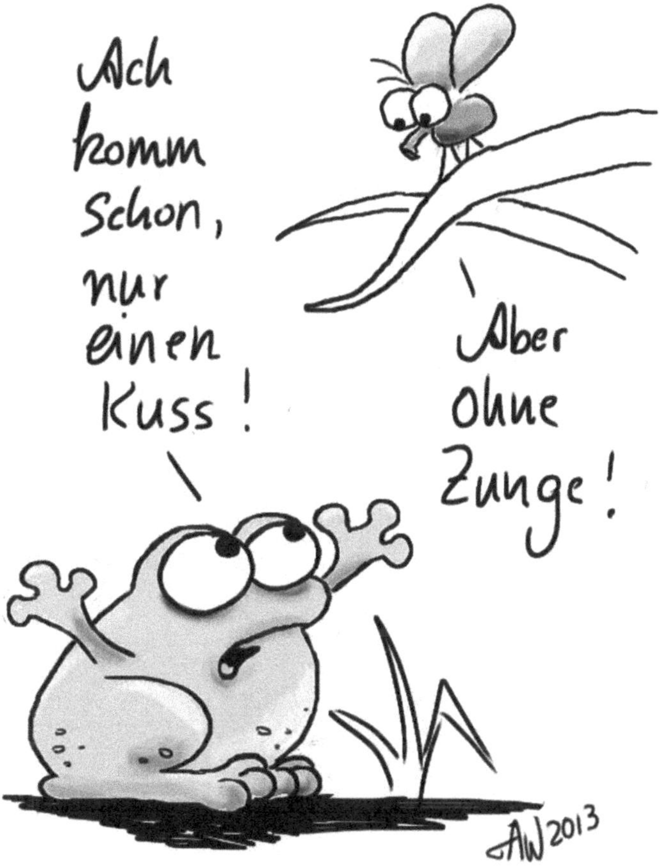

Ach komm schon, nur einen Kuss!
Aber ohne Zunge!
AW 2013

BAUMARKT UND SCHUHLADEN

Das ist blöd, wenn man langweilig wirkt als Mann. Weil das hab ich auch gelesen: »Männer müssen so tun können, als ob sie interessant wären.« Bei Frauen ist es aber genauso. »Frauen müssen auch so tun können, als ob der Mann interessant wäre.«

Der Mann ist wie ein Baumarkt oder besser gesagt das Schaufenster von einem Baumarkt, und die Frau muss davor stehen und so tun können, als wäre es ein Schuhladen. Und weil ich gerade Schuhladen sage, man muss sich auch noch riechen können. Das ist überhaupt das Wichtigste. Man muss sich riechen können. Jetzt denken natürlich die meisten Männer: »Das kann doch bei mir nicht so schwer sein.« Es kommt aber auch drauf an, wie man riecht. Frauen bevorzugen Männer, deren Geruch ihrem eigenen möglichst verschieden ist. Denken natürlich auch die meisten Männer, na, die Forschungsgelder hätte man sich aber auch sparen können, ich würde auch eher eine Frau bevorzugen, die nicht so riecht wie ich.

Beim Aussehen ist es dagegen wieder umgekehrt. Da mag man eher Menschen, die ähnlich aussehen. Da haben Psychologen 50 Frauen und 50 Männer fotografiert und dann die Gesichter im Computer so verändert, dass die Frauen wie Männer aussahen und die Männer wie Frauen. Also die weiblichen

Gesichter in männliche umgewandelt und die männlichen in weibliche. Die Testpersonen wussten das aber nicht, und dann hat man jeder Frau 100 Gesichter von Männern gezeigt, und darunter war ihr eigenes auf dem Computer verändertes Bild. Und bei den Männern hat man es genauso gemacht, nur eben mit Bildern von Frauen. Und dann hat man jede und jeden einzeln gefragt, wen er von diesen 100 Menschen am interessantesten fände, mit wem er mal gerne alleine sein würde. Und da haben sich alle für sich selber entschieden. Mit diesem Menschen möchte ich gerne alleine sein. Und das ist man dann ja auch meistens. Aber das ist schon wieder was Schönes und auch romantisch. Das zeigt ja, man verliebt sich eben nicht in die schönste Frau oder den klügsten Mann, für diese Menschen schwärmt man vielleicht mal. Man verliebt sich eher in Menschen, die ungefähr gleich sind wie wir selbst. Wenn Sie also den Eindruck haben: »Mensch, warum verlieben sich in mich immer nur Idioten?«, dann liegt das daran.

Ja, was ist das, die Liebe? Ständig liest man etwas Neues. Manches erinnert leider an Begriffe aus der Wirtschaft, aus Angebot und Nachfrage. Wir wollen uns selbst zum besten Preis verkaufen und dafür müssen wir uns wie jedes Produkt auf dem Markt behaupten können. Noch ein bisschen was abnehmen, noch ein bisschen netter sein, schönere Kleider tragen, dabei immer lächeln und glücklich sein, damit wir gemocht werden. Möglichst von den Menschen, die es angeblich wert sind, die interessantesten Menschen, so wie wir im Supermarkt auch das beste Angebot für uns finden wollen. Nur wir sind in diesem Supermarkt ja nicht nur Käufer, die durch die Gänge schlendern, wir sind gleichzeitig auch die Ware. Wir können nur mit uns bezahlen. Wir hängen uns selbst ein Preisschild um und hoffen, dass jemand bereit ist, diesen Betrag zu bezahlen, sonst müssen wir uns billiger anbieten oder werden Ladenhüter. Kein Wunder, dass uns das Angst macht und wir sehr vorsichtig durch die Gänge schleichen.

Es gibt auch kein Wechselgeld. Wir können uns immer nur ganz verkaufen. Manche versuchen, mit der Hälfte von sich zu bezahlen, ein bisschen was von sich zu geben. Aber wer mit der Hälfte bezahlt, bekommt auch nur eine Hälfte.

Wir müssen uns ganz geben und dann darauf hoffen, dass wir ein gutes Geschäft gemacht haben. Ein gutes Geschäft wäre, wenn der andere auf seinem Zettel eine höhere Zahl stehen hätte als wir. Hübscher, reicher, netter, und wir bekommen ihn trotzdem, das wäre ein gutes Geschäft. Ist aber eher selten. Daher versuchen wir, so viel wie eben möglich zu bekommen.

Jemand, der ein bisschen mehr wert ist als wir, das könnte noch klappen. Dumm ist nur, dass der andere das auch versucht. Und so versucht man sich in der Liebe gegenseitig ein bisschen übers Ohr zu hauen, indem wir so tun, als wären wir ein wenig mehr, als wir sind, na ja, und wie gesagt, der andere macht das eben auch. Bis wir uns dann haben, und wenn wir zu Hause das Paket auspacken, dann merken wir, na ja, ganz so toll glänzt das ja gar nicht mehr hier zu Hause wie im Schaufenster. Aber der Trost kann sein, dem anderen geht es mit uns auch nicht anders.

Frauen suchen sich übrigens Männer aus, die ein gutes Immunsystem haben. Das macht die Natur und ist ganz unbewusst und funktioniert am besten über den körpereigenen Geruch. Schade, dass diese Dinge immer unbewusst laufen. Es funktioniert nicht, wenn man zu einer Frau sagt: »Du, ich hab ein gutes Immunsystem, willst du mit mir schlafen?« Da nützt nicht einmal ein ärztliches Attest.

BANKEN

*Ja, ja, die Liebe ist ein Geschäft geworden. Ich kenne mich ja aus damit. Also mit Geschäften. Ich hab ja 16 Jahre bei der Bank gearbeitet. Sparkasse. Bis vor fünf Jahren. Ich habe damals so eine Werbekampagne gestaltet. Das war alles meine Idee. Ich habe ein Plakat ins Schaufenster gehängt, weil wir ja auch Lebensversicherungen angeboten haben und die Leute immer so gerne Lotto spielen. »Lebensversicherungslotterie« hab ich draufgeschrieben. Und drunter etwas kleiner: »Spielen Sie nicht Lotto. Setzen Sie lieber bei uns auf eine Lebensversicherung. Ein sicherer Gewinn, weil man das Kreuz erst hinterher setzt.«*
Ich erzähl das nur, damit Sie sehen, wie ich da gearbeitet habe. Trotzdem gingen die Umsätze runter. Ja, das Kapital ist ein scheues Reh. Oder eher ein scheuer kapitaler Hirsch.

Na ja, ich hatte ja noch eine Idee. Da waren so Punker bei uns am Bahnhof. Punker, nicht Banker. Punker, die mit den Haaren und so, die immer fragen: »Hast du mal einen Euro?« Bin ich zu einem hin – ich erzähl das nur, damit Sie sehen, mit welchem Einsatz ich da gearbeitet habe – und hab gesagt: »Pass auf Freundchen, du kriegst deinen Euro, und deine Freunde, deine Kollegen, die bringst du auch alle her, und ihr bekommt alle einen Euro, aber nicht einmal, jede Stunde, aber ihr geht da weg vom Bahnhof, ihr kommt zu uns zur Bank und setzt euch auf die gegenüberliegende Straßenseite. Gell?«

Der Gedanke dahinter war folgender: Wenn Passanten kommen und die da sitzen sehen, dann wechseln die die Straßenseite und sind bei uns vorm Schaufenster. Aber diese Punker, also diese Leute, waren überqualifiziert, war bald überhaupt niemand mehr in unserer Straße, ganze Straße passantenfrei. Jetzt hatten wir ein Problem. Wir hatten diese Leute ja in Lohn und Brot. Man hat ja auch eine soziale Verantwortung als Bank. Jetzt haben wir gesagt: »Passt auf, ihr bekommt euren Euro weiterhin, aber ihr setzt euch vor die Volksbank.«

Ich erzähl das wie gesagt nur, damit Sie sehen, wie ich da gearbeitet habe.

Dann tauchten plötzlich überall diese Großbanken auf. Erst in den Zeitungen. So Banken, von denen man bisher nicht mal die Namen wusste, ähnlich wie in dem Märchen, das meine Mama immer erzählt hat, mit diesem bösen kleinen Männchen, das das Kind fressen will und sich selber in der Mitte auseinanderreißt, also so eine Geschichte für Kinder halt. Rumpelstilzchen. Das Männchen, das das Stroh zu Gold spinnt. Von den Gebrüdern Grimm. Aber die waren nicht von den Gebrüdern Grimm, das waren Gebrüder Lehmann, Lehmann Brothers, und das waren umgedrehte Rumpelstilzchen, die haben unser Gold zu Stroh gesponnen. Und dann waren sie fort, die Gebrüder und das Gold auch, und dann hieß es: »Wer kann von uns fort?« Und dann wurde ich nach 16 Jahren ... einfach so ... Sie verstehen.

Na ja, zum Glück hat meine Frau eine feste Stelle. Die macht schon seit 15 Jahren irgend so was Soziales glaub ich. Muss

auch sein. So, und ich muss jetzt auch mal. Würden Sie mir
bitte so lange den Platz freihalten? Danke.

Wenn mich Zuschauer nach dem Programm manchmal
fragen: »Ist es wirklich so schlimm bei dir?«, dann sage
ich manchmal: »Nein, so schlimm ist es nicht, ich habe
nie bei einer Bank gearbeitet.« Das ist dann natürlich
auch schon wieder ein Scherz und würde, wenn es stimmen würde, ja bedeuten, dass alles andere stimmt.

Tja, lieber Leser, es ist Zeit für eine ähnliche Enttäu-
schung wie sie Otto Normalsparer hat, wenn er nach
zehn Jahren die beachtlichen Zinsen von seinem Spar-
buch abholen will. »Die hat man mir doch damals so
versprochen.« Ja, ja, versprochen hat man es schon, aber
bleiben tut meistens nur ein halbes Prozent.
Und auch von dem, was ich über mich erzähle, ist kaum
mehr wahr als ein oder ein halbes Prozent. Trotzdem
versuche ich ehrlich zu sein, weil ich erzähle, wie ich das
Leben empfinde. Also eine gefühlte Wahrheit. Wie die
»beachtlichen Zinsen« zumeist eine gefühlte Übertrei-
bung sind.
Vielleicht wollen Sie mich als Märchenerzähler für
Erwachsene sehen, und damit bin ich ja fast schon wieder
so etwas wie ein Bankangestellter.

Nein, nein, ich muss Ihnen noch etwas gestehen, ich habe
gar nichts gegen Banken und schon gar nicht gegen ihre
Angestellten. Ein paar Leute haben ein System miss-

braucht, aber dafür können die Leute am Schalter nichts. Ich habe auch nichts gegen Geld. Geld ist eine Verbindung zwischen Mensch und Mensch. Wegen Geld baut jemand ein Haus, das er selbst nie bewohnt.

Ich stelle mir manchmal vor, es gäbe kein Geld und die Menschen würden alle Arbeit nur aus Liebe zu den anderen machen. Dann hat mir schon zum Frühstück ein Bäcker ein Brötchen gebacken und jemand hat sogar Kaffee aus Südamerika geholt und jemand hat ihn geröstet und jemand hat jahrelang getüftelt, um diese Kaffeemaschine zu erfinden, und ein anderer ging in den Wald und hat einen Baum gefällt, aus dem jemand einen Tisch für mich baute. Eine wunderbare Welt, und diese Dinge geschehen nun mal nur deshalb, weil es Geld gibt. Nur einige haben das märchenhafte Geld, das für alle da sein sollte, entführt, in einen Turm gesperrt und lassen es jetzt für sich arbeiten.

Dr. Caspar David von
der Friedrich Investment
konnte sich bei diesem
Panorama einfach nicht
entspannen.

SANIFAIR

 *Danke fürs Freihalten. Waren Sie die ganze Pause über hier? Waren Sie nicht zur Toilette oder so? Sie können gerne auf die Toilette gehen, kostet nichts, ist auch ganz schön.*

Bei uns ist es auch schön auf der Toilette. Wir haben so einen Klopapierrollenschoner, aber mit einem echten Swarovski-Kristall oben drauf. Das ist für mich Luxus. Hab ich mir mal, also ihr mal zum Geburtstag geschenkt.

Ich muss ständig auf die Toilette gehen, wenn ich was trinke. Ich wäre ein verklemmter Typ, von wegen, ich glaub nicht, dass ein verklemmter Typ so oft aufs Klo müsste.

Sie können aber ruhig hier auf die Toilette gehen. Ist ganz ordentlich. Kostet auch nichts. Na ja, weil ich geh auf der Autobahn nicht auf die kleinen Parkplätze, sondern nur auf die Rasthöfe. Da gibt es ja jetzt immer diese wunderbaren Sanitär-Oasen. Sanifair. Aber jedes Mal 70 Cent. Man kommt sonst nicht durchs Drehkreuz!

Die Politiker sprechen immer von Europa, Europäische Union, Schengener Raum, freie Fahrt von Portugal bis Griechenland! Aber wenn man klein austreten muss, dann steht man wieder vor einer Schranke.

Gut, man bekommt dann für diese 70 Cent so einen Zettel. Ich
hab, glaub ich, einen dabei. Ich sammle die immer, ein Jahr
lang, danach darf man sie wegwerfen. Ist aber hochinteressant,
kostet 70 Cent, steht aber nur 50 Cent drauf. Der Automat
ist so weit entwickelt, der nimmt sich das Trinkgeld schon sel-
ber. Drunter steht: »Wert-Bon«, daneben auf Englisch, was
wesentlich ehrlicher ist: »Wucher« (geschrieben »Voucher«).
Für diesen Voucher kann man sich dann im Shop nebendran
einen unglaublich überteuerten Kaffee kaufen. Klar, damit ich
gleich wieder aufs Klo muss. Sonst kauf ich mir da nichts.
Einmal hatte ich mir gedacht: »Du könntest dir von diesen
ganzen Piss-Gutschein ja eigentlich mal ein leckeres Käse-
brötchen kaufen.« Sagt die Verkäuferin: »Tut mir leid, dafür
bekommen Sie kein Käsebrötchen, die sind abgelaufen.« Ich
dachte, die meint die Käsebrötchen, weil so sahen die auch aus.
Sagt sie: »Nein, die gelten nur ein Jahr.« Sag ich: »Das ist
doch unfair.« Sagt sie: »Nein, das ist Sanifair.«

An dem Ort, in dem ich aufgewachsen bin, gab es ein
altes Schloss, das als Kinderheim genutzt wurde. Dort
lebten Kinder, die keine Verwandten mehr hatten oder
zur Strafe dort waren. Zumindest glaubten wir Dorfkin-
der das, denn uns wurde von unseren Eltern oft gedroht:
»Wenn du nicht brav bist, dann kommst du ins Heim.«
Wir wussten, dass das nicht stimmt. So wie Kinder, denen
man sagt: »Wenn du lügst, holt dich der schwarze Mann.«
Die wissen auch, dass es den nicht gibt. Der hätte einen
längst holen müssen bei den vielen Dingen, die man
schon heimlich getan hat.

Außerdem kannten wir nur dieses eine Kinderheim und in das war noch nie ein Kind aus unserem Dorf gesteckt worden, nur Kinder von außerhalb, und wenn man in den Bergen aufwächst, ist außerhalb grundsätzlich sehr weit weg. Wir fühlten uns auf der sicheren Seite. Kinderheim – das gibt es, aber hat mit uns nichts zu tun. Man kann Unrecht leicht hinnehmen, wenn man denkt, dass man selbst nie davon betroffen ist.

Es kamen auch Kinder in dieses Heim, die waren, wie man heute sagen würde, schwererziehbar. Eigentlich sagt man nicht mehr schwererziehbar, sondern verhaltensoriginell. Das ist wirklich der offizielle Begriff und ich finde ihn schön. Ich wäre gerne öfter verhaltensoriginell. Ohne verhaltensoriginelle Kinder, aus denen verhaltensoriginelle Erwachsene werden, gibt es keinen Fortschritt. Ich meine damit keinen solchen Zwei-Prozent-Bruttosozialprodukt-Wachstum-Fortschritt, sondern etwas Neueres, Schöneres, Bunteres, Wahreres. Also wirklichen Fortschritt.

Manche hatten vielleicht auch dieses ADS oder ADHS, wie man heute sagt. Kinder, die nicht sitzen bleiben können, also sitzen bleiben schon, aber nicht auf dem Stuhl. Kinder, die »sitzen bleiben«, wachsen aber trotzdem erstaunlicherweise weiter, so als ob die Natur die gottgegebene Entscheidung der Lehrer nicht zur Kenntnis genommen hätte. Dadurch waren manche Jungs in unserer Klasse älter und stärker als wir Nichtsitzenbleiber-

Kinder. Einer von denen hat sich gerne auf dem Jungenklo versteckt und uns Dorfkindern das Taschengeld abgepresst. Zum Glück bekam ich nie welches, konnte nie bezahlen und dadurch hatte er irgendwie Respekt vor mir und war einige Zeit sogar mein Freund.

Vielleicht war er es, der später das Sanifair-System erfunden hat. Ich wünsche es ihm, auch wenn ich mich jedes Mal ärgere, wenn ich wieder 70 Cent rauskramen muss. Aber es ist eben immer irgendwo ein Haken dran, außer wenn man in einer öffentlichen Toilette in der Kabine die Jacke aufhängen will, dann fehlt er.

PS: Hat nicht damals dieser Österreicher die deutschen Autobahnen erfunden? Ob er auch schon das Sanifair-System im streng gescheitelten Kopf gehabt hat? Zuzutrauen wäre es ihm.

Egon N. erpresste schon als Junge von seinen Mitschülern auf der Schultoilette das Taschengeld.
Später wurde er ein respektabler Geschäftsmann und erfand das Sanifair - System.

MÜSSEN, ZAHLEN MÜSSEN

 *Grad als Mann ärgert man sich, wenn man jedes Mal 70 Cent zahlt. Oft muss man nur klein und geht nicht mal in diese Kabinen. Trotzdem 70 Cent. Dafür hat man nur diese Pissbecken. Und die sind oft noch eng aufgebaut, damit möglichst viele reinpassen, was auch unangenehm ist.*

Letztens, das war so bei Köln, da muss so ein Motorradtreffen in der Nähe gewesen sein, oder so was. Jedenfalls standen da, als ich reinkam, schon fünf so Rocker-Typen an den Becken, standen da breitbeinig, wie die immer stehen, als ob sie immer noch das Motorrad zwischen den Beinen hätten. Und die Toilette war so eng gebaut, ich musst mich richtig an denen vorbeizwängen. Hab einen versehentlich ein bisschen angerempelt. Der war gleich angepisst.

Der Begriff des Müssens ist ja aufs Engste mit der Notdurft verbunden. Nicht »Ich will mal« oder »Ich könnte mal«, obwohl das Damen, die gerne fein sein wollen, schon mal so formulieren. »Ich könnte mal auf Toilette«, klingt leichter und riecht besser als: »Ich muss mal schnell auf die Schüssel, sonst kack ich mich ein.« Eher unfein. Aber »Ich könnte« ist nicht ganz ehrlich, nur eine halbe Wahrheit, die da verschämt herausgepresst wird.

Niemand würde 70 Cent bei Sanifair zahlen, weil er mal könnte.

Wenn wir nicht müssten, könnten die uns mal. Selbst Sanifair in all seinem Glanz vermag wohl nicht die Lust in uns zu wecken, die beschauliche Überholspur der Autobahn zwischen München und Stuttgart zu verlassen, nur weil man sich mal wieder bei Kirchheim Pinkeln mit Vogelgezwitscher im Hintergrund gönnen könnte.

Nein, »Ich muss« und zwar dringend. Vor dem Kreuz von Sanifair stehen wir als Menschen. Professor, Priester oder Prolet, und wir alle müssen.

Es gibt ja noch mehrere »Ich muss« in diesem Leben. Ich muss atmen, ich muss essen und trinken und zuletzt: Ich muss sterben. Aber bei nichts von diesem hat sich das »Ich muss« so durchgesetzt wie auf der Toilette. Goethe sagte eben: »Mehr Licht« in der letzten Stunde und benannte die Unabdingbarkeit des Sterbevorgangs nicht mit »Ich muss mal«, obwohl das die trefflicheren Worte für unseren Dichterfürst gewesen wären.

»Ich muss mal.« Wenn wir dabei ans Sterben und die Beerdigungskosten denken würden, erschienen uns die 70 Cent bei Sanifair direkt günstig. Außerdem würde ein Wert-Bon, der auf die nächste Beerdigung angerechnet werden könnte, aber wie bei Sanifair innerhalb eines Jahres verfällt, einen nicht zu unterschätzenden Druck auf manchen aus der Ahnenreihe ausüben.

»Ich muss mal«, das ist die dritte narzisstische Kränkung des Menschen laut Sigmund Freud. Der Mensch ist nicht Herr im eigenen Haus und auch nicht im eigenen Häuschen. Außer er ist Sanifair-Betreiber. Er geht nicht auf die Toilette oder auf die Uni oder ins Kino, weil er will. Er muss. Es ist wie auf der Börse, da ist die schönste Feier im Gange und dann immer wieder diese Blase, die zu platzen droht. Das Unbewusste bestimmt oder der Verdauungstrakt, was ja vielleicht dasselbe ist.

Wir müssen und wir müssen zahlen, denn draußen an einen Baum pinkeln oder an einen Lkw-Reifen, wie es von der Natur vorgesehen ist, kostet 30 Euro Strafe, und dafür bekommt man nicht einmal einen Kaffee.
Hier unterscheidet sich der Mensch vom Reh oder Hasen, der den Wald vollkackt und trotzdem als Teil der Natur gesehen wird. Allerdings wird er dafür auch vom Jäger erschossen.

Nun aber trotzdem die Frage: Warum müssen wir zahlen, wenn wir müssen? Nun, warum nicht? Wir zahlen auch für andere Dinge, die uns erwiesenermaßen nicht glücklich machen. Rundfunkgebühr für die öffentlich-rechtlichen Programme zum Beispiel. Wenn wir für *Wetten, dass …?* bezahlen, warum nicht fürs Pinkeln?
Angebracht wäre eher die Frage, warum wir für so vieles noch nicht zahlen. Atmen zum Beispiel. Denn gibt es etwas Wichtigeres als Atmen? Nein, und trotzdem zahlen wir außer bei Yogakursen an der Volkshochschule

meistens nicht dafür. Das ist der Skandal. Zumindest fürs Ausatmen sollten wir bezahlen und dafür einen Wert-Bon bekommen, den wir aufs Einatmen anrechnen lassen könnten oder auf eine Schachtel Kippen. SaniAir.

Seit einiger Zeit gibt es diese aufgemalten Fliegen im Pissoir. Ich mag keiner Fliege was zuleide tun, ob aufgemalt oder nicht. Ich war also gezwungen, rechts und links daran vorbeizupinkeln. Und dieses eine Mal, muss ich sagen, fand ich die 70 Cent fürs Saubermachen dann auch gerechtfertigt.

PS: »Öffentliche Toiletten« kommt doch von »offen«, oder? Deutschland ist eine Dienstleitungswüste mit Sanitär-Oasen.

Nachdem Ulrich R. jahre-
lang die Sanifair-
Coupons gesammelt
hat, ist er heute in
der Lage, seine
Beate ganz groß
zum Essen auszu-
führen.

MÄNNER AUF DEM SPIELPLATZ

Ich bin ja früher selber Motorrad gefahren. Ich war nie so ein Rocker oder so, aber schon ein wilder Typ. Und jetzt, also ich hab mich schon ziemlich verändert. Früher war ich nicht so, also nicht so wie heute. Dass ich mich mal so verändere, hätte ich nicht gedacht. Manchmal denk ich, ich bin ein richtiges Weichei. Na ja, man verändert sich halt, das ist ja auch normal. Wenn man älter wird, verändert man sich sowieso. Wenn man in einer Beziehung ist, natürlich auch noch, und wenn dann noch Kinder da sind, sowieso. Vatersein ist nicht leicht, gerade als Mann. Ich könnt Ihnen da Beispiele erzählen. Ich kann Ihnen gerne eins nennen: Das war ja erst vor zwei Wochen, da ist mir das aufgefallen. Da war ich mit meinem Sohn auf dem Spielplatz. Bei uns vorm Wald. Ich als Mann. Das ist ja an sich schon peinlich, als Mann auf dem Kinderspielplatz, du weißt ja nicht, was du machen sollst.
Steh ich da rum, er spielt, alles okay. Aber er hört nicht auf mich, weil ich bin ja nur der Papa. Hat keinen Respekt vor mir, weil der macht alles seiner Mutter nach. Als ich wieder nach Hause wollte, musste ich 100 Mal rufen: »Elias ... Elias ... Elias.« Ich spiele das jetzt nicht ganz durch, aber das einzige Druckmittel, das mir dann noch eingefallen ist, war: »Elias, die Mama schimpft mit uns!« Was ist aus mir geworden? Ich sag: »Die Mama schimpft mit uns«, und ich hab tatsächlich Angst.

163

Immer wenn jemand sagt: »Es ist alles nicht mehr so wie früher«, dann denke ich: »Ja, ich zum Beispiel.« Oder verkläre ich nur meine Vergangenheit so, wie andere das Fernsehprogramm oder die Semmeln von früher verklären? Man täuscht sich ja oft, wenn man sich an die Vergangenheit erinnert. So wie man sich auch oft täuscht, wenn man sich die Zukunft vorstellt. Und was die Gegenwart betrifft, kann man ja auch nie ganz sicher sein, ob sie so ist, wie sie uns vorkommt.

Eigentlich wissen wir gar nichts. Also ich zumindest. Ist mir vor kurzem aufgefallen. War auch auf dem Spielplatz. Ich sage zu dem Kind: »Mach dich nicht schmutzig«, und Elias antwortet: »Warum?« Kennen Sie das, wenn jemand fragt: »Warum?«, und man möchte ihm als Antwort mal generell den Sinn des ganzen Lebens hier erklären und dann merkt man, man kennt ihn selber nicht?
Dass man jetzt Vater ist, heißt ja nicht, dass man mehr weiß als früher. Dass ich älter bin, bedeutet, dass ich mir die Haare färben muss, aber doch nicht, dass ich mehr weiß. Sicher, ich lebe schon länger, ich habe mehr gehört, aber weiß ich denn, ob das stimmt, was ich gehört habe? Vielleicht war das meiste, was ich gehört habe, Unsinn, und ich bin jetzt viel dümmer, als ich als Kind war.

Ich hätte doch Erfahrungen gesammelt, die – wird vielleicht jemand einwerfen – das Kind noch nicht hat. Aber was sind denn Erfahrungen? Von den Zehntausenden Entscheidungen, die wir jeden Tag treffen, habe ich eben

irgendwelche ausgewählt, und ich weiß doch im Nach-
hinein nicht, ob sie die richtigen oder gar die besten
waren. Falls es überhaupt beste Entscheidungen gibt. Das
ist, wie wenn ich ohne Landkarte und ohne Navi durch
eine fremde Gegend fahre und mich an jeder Kreuzung
gezwungenermaßen entscheide, rechts oder links abzu-
biegen. Eine Methode, die meine Eltern früher anwand-
ten, um die sonntäglichen Ausflugsziele zu finden. Vater
sagte immer: »Rechts« oder: »Links«, und da wir ja nie
wussten, wo wir hingekommen wären, wenn wir statt
rechts links nach links rechts gefahren wären, hatte er
auch immer recht. Zumindest nie unrecht. Die Ausflugsziele entpuppten sich zwar oft als Industriegebiete, aber
uns Kindern war alles recht, solange wir um vier Uhr
nachmittags wieder zu Hause waren, wenn *Wickie* oder
Biene Maya im Fernsehen kam.
Wir fahren blind durchs Leben und die einzige Erfah-
rung, die wir sammeln, ist, was passiert, wenn man es
genauso macht, wie wir es gemacht haben, wenn alles
wieder genauso ist, wie es damals war.

»Warum soll ich mich nicht schmutzig machen?« Ja,
warum nicht? Viele Tiere baden im Schlamm, und wenn
sie es nicht tun würden, wären sie bald tot oder totun-
glücklich.
Wie dumm, wenn Eltern sagen: »Du bist doch kein
Schwein.« Nicht nur Schweine baden im Schlamm, auch
Elefanten und viele andere Tiere. »Warum soll ich mich
nicht schmutzig machen?« »Du bist doch kein Elefant.«

Genauso logisch und genauso blöd. Das Kind weiß doch, dass es kein Schwein ist, aber das Argument ist so unsinnig, dass das Kind darauf nichts erwidern kann. Vielleicht könnte es dann abends sagen: »Warum soll ich mich waschen, ich bin doch kein Fisch?« Die einzige Genugtuung, die ihm bleibt, ist, sich jetzt vorzunehmen, die eigenen Kinder einmal mit dem gleichen Satz zu ärgern.

Ich hätte auch einfach sagen können: »Mach dich nicht schmutzig, die Mama schimpft mit uns«, wäre ihm aber egal gewesen, und es wäre peinlich, zu sehen, dass der Sohn mutiger ist als ich. Na ja, der wird sich auch noch verändern.

Bevor Frank Vater
wurde, war er Mit-
glied beim Motorrad-
Club MC Freihofen.

KÄNGURUS

 *Das Tragische daran ist, ich war ja mal ein Mann. Früher, richtig. Ich hab im Stehen gepinkelt, Frauen nicht verstanden und Herrenmagazine gelesen. Ich war ein Mann! Und wenn mir jemand dumm gekommen ist, dann hab ich mir erst mal in den Schritt gefasst, und da war was drin. Damals. Und jetzt steh ich da am Spielplatz zwischen den anderen Muttis. Und auch den anderen Vätern da, sind ja schon auch andere Väter da, aber die haben sich verändert. Ich kenne die ja von früher, das sind ja alles alte Kumpels von mir. Die Schultern sind schmaler geworden, dafür der Hintern breiter, und mit den Jutebeuteln mit den Sandspielsachen stehen sie da herum wie so eine Horde friedlicher Kängurus, dass man sie am liebsten in den Arm nehmen möchte, aber es ekelt einen dann doch ein bisschen.*

Weil ich hab schon noch meine dunkle Seite. Ich bin schon noch ein Mann. Könnt es ja beweisen, steht ja sogar in meinem Personalausweis. Nein, ich mach, was wahrscheinlich die meisten Männer machen: Wenn meine Frau nicht da ist, dann lese ich heimlich diese Zeitschriften. Ihre Frauenzeitschriften! Aber Hardcore. Echo der Frau, Cosmopolitan und so. Mit Tipps rund um Gesundheit und Mode, Köstliches aus der erprobten Küche, Rate-Spaß und die Partnerschaftsseiten.

Die lese ich immer als Erstes. Ich weiß auch nicht, wieso. Vielleicht hofft man doch, dass man noch was lernt. Aber dadurch wird man dann ja verunsichert. Ich weiß ja dann, was sie von mir erwartet. Das, was die schreiben. Weil sie liest es ja auch. Was schreiben die? Partnerschaftliche Mithilfe im Haushalt und einen zum Jaulen schönen Orgasmus. Am besten noch in dieser Reihenfolge. So Sachen schreiben die. Multiple Orgasmen bei der Frau! Die meisten Männer bringen doch nicht mal ihre Katze zum Schnurren, wenn sie sie streicheln.

Oder was die auch immer wieder schreiben, das sind so Tipps, wenn es nicht mehr so läuft: »Sorgen Sie mal wieder für eine knisternde erotische Stimmung im Schlafzimmer.« *Ja wie denn, wenn der eigene Sohn im Elternschlafzimmer mitschlafen darf, weil es so praktisch ist, und ich jeden Abend vor dem Einschlafen eine halbe Stunde Benjamin Blümchen mithören muss? Unser Sexualleben ist sowieso auf dem Tiefpunkt. Nur weil ich beim letzten Höhepunkt versehentlich statt ihren Namen* »Törööö« *gerufen hab.*

Dass ich als Mann Beziehungsratgeber lese, ist ja ganz normal. Aber dass sie mich interessieren, das beunruhigt mich. Mein Opa hätte noch keine Beziehungsratgeber gelesen. Meine Oma auch nicht. Ich erinnere mich noch, die hatten ein altes Buch bei sich stehen, zwischen Bibel und Gesangbuch, das hieß *100 Wege zum Herzen eines Mannes*. Das Buch war so etwa von 1900 und standen nur Kochrezepte drin. Mein Großvater hätte wahrscheinlich gedacht: »Wozu ein Beziehungsratgeber?« Er ist verheiratet, er braucht keine Beziehung. So etwas hat man nicht als Katholik.

Mein Großvater war Katholik und Sozialist. Sozialist aus Überzeugung und Katholik wegen Geburt und Taufe. Er war noch ein richtiger Mann, ein sturer, harter Knochen, und trotzdem hat er meine Großmutter, als sie bettlägrig wurde, 15 Jahre Tag und Nacht gepflegt. Vielleicht hatten die *100 Wege zum Herzen eines Mannes* ja doch gewirkt. Nein, wahrscheinlich haben die Menschen damals wie heute solche und solche Beziehungen geführt.

Und Weicheier gab es damals nicht, weil es das Wort nicht gab. Ein Mann war ein Mann und deshalb konnte er auch weich sein, dann war er eben weich, obwohl er ein Mann war. Also dieses Grönemeyer-Lied *Wann ist ein Mann ein Mann* hätten sie nicht verstanden. So wie wenn jemand singen würde: »Wann ist eine Giraffe eine Giraffe«. Klamauk, mehr hätte man darin nicht gesehen.

»Richtige Männer« – das hat für uns auf dem Dorf hinter den sieben Bergen in den frühen 80er Jahren angefangen mit dieser Werbung für Rasierwasser. »Richtige Männer« würden das nehmen, hieß es. Hat fürchterlich gestunken, und wir Jungs dachten, es gäbe richtige Männer und nicht richtige Männer, und die richtigen Männer seien die, die stinken. So habe ich heute noch Probleme, schöne Sachen für mich zu kaufen oder Dinge, die duften, oder auch Ratgeber für gute Beziehungen. Nicht einmal die *Men's Health* traue ich mich zu kaufen. Kommt mir unmännlich vor, sich so um sich selbst zu drehen. Als Alternative lese ich dann heimlich ihre *Brigitte*.

Wegen des »Törööös«, ich glaub, sie hat das ihren drei besten Freundinnen erzählt. Bin nicht ganz sicher, aber als die mal zum Kaffee bei uns waren und ich gefragt habe, ob ich zwei Zuckerstückchen haben könnte, haben sie gekichert.

Als Klaus anfing, sich seine Nägel zu lackieren, wusste er, dass er kein richtiger Mann mehr war.

STATISTIKEN

 *Aber laut den Zeitschriften ist ja alles in Ordnung. Die schreiben ihre Ratgeberseiten und ihre Statistiken. Da hab ich erst letzte Woche – ich glaube, das war in ihrer Cosmopolitan – so eine Statistik gelesen. Statistisch gesehen hätten die Deutschen durchschnittlich zweieinhalb Mal pro Woche Sex. Durchschnittlich! Durchschnittlich, das bedeutet ja, wenn jemand weniger hat, dann muss ja jemand anders entsprechend mehr haben. Sonst stimmt ja der Durchschnitt nicht mehr. Da fragt man sich schon: »Wer vögelt da eigentlich für mich mit?« Und zweieinhalb! Als Mann lacht man doch über so was. Das ist typisch Statistik. Wie hat man bitte ein halbes Mal Sex? Aber meine Frau meint, sie wüsste schon, was damit gemeint sei.*

Statistisch gesehen sind viele Statistiken nicht wahr. Und nirgends schummelt man und besonders Mann mehr als bei Statistiken über Sex. Außer vielleicht bei Steuererklärungen. Dort übertreibt man und da untertreibt man. Man will halt besser scheinen, als man ist. Nicht nur Männer. Bevor Besuch kommt, wird die Wohnung schnell noch aufgeräumt, wenn der Chef den Raum betritt, tut man, als würde man arbeiten, und wenn der Onkel von der Sexual-befragung kommt, erfindet man freizügiger, als man sonst so ist. Selbst männliche Jogger laufen schneller, wenn ihnen eine Frau begegnet, und Joggerinnen machen das bei Männern. Bis zur nächsten Kurve, dann heißt es, stehen bleiben und verschnaufen.

Ich jogge auch manchmal, aber eher so eine Art Intervall-Training. Ich laufe aus dem Haus raus und die ersten paar hundert Meter ziemlich zügig, denn dort kennt man mich ja noch. Dann wechsle ich ab zwischen langsamem Gehen und dann ganz langsamem Humpeln, bis ich wieder zu Hause bin.

Aber wir waren ja bei den Statistiken über Sex, dem Schlüsselloch-Report für Mathematiker. Angefangen hat es in den 50er Jahren mit diesem Kinsey-Report. Die erste große Sexualbefragung, die PISA-Studie des kleinen Mannes.
»Warum gibt es diese Statistiken inzwischen so häufig?«, könnte man fragen, und die Antwort ist verblüffend einfach: »Weil wir sie lesen wollen.« Seit der Erfindung der Gardine kann der Mensch das Liebesleben seiner Artgenossen nicht mehr wie der Bonobo-Affe frei beobachten. Aber wir vergleichen uns gerne. Wenn die anderen von irgendetwas mehr haben, dann habe ich relativ wenig, wenn sie wenig haben, habe ich relativ viel. Dadurch wird das eigene Liebesleben nicht besser oder häufiger, aber es hat ja auch niemand behauptet, dass Statistiken unser Leben leichter machen würden.

Sich mit anderen zu vergleichen macht unglücklich. Das könnte man sicher statistisch beweisen. Gerne vergleicht man sich ja mit denen, die es irgendwie besser haben und in der Nähe sind. Wenn ich weiß, dass ich 50 Prozent weniger verdiene als mein komischer Nachbar, berührt mich das mehr, als zu wissen, dass ich 5000 Prozent mehr verdiene als ein Angestellter in China. Deshalb interessiert uns das Sexualverhalten der Deutschen mehr als das der Neuseeländer, und den Bonobos können wir ihr Vergnügen schon recht neidfrei gönnen. Sehr spannend wären deshalb Statistiken über das Sexualverhalten in unserer Straße oder in unserem Wohnblock. Werden leider viel zu selten durchgeführt. Für manche wären auch Statistiken über das Sexualverhalten ihres Partners nicht uninteressant.

Ja, wir sind unsichere Geschöpfe und brauchen Bestätigung. Am liebsten sind uns Statistiken, die sagen, dass wir ganz gut dabei sind. Gibt es leider viel zu selten. Und deshalb fragen wir: »Schmeckt der Kuchen?«, »Steht mir das Kleid?«, und Männer würden gerne bei bestimmten Gelegenheiten fragen: »Und, wie war ich?«
Ja, ja, schon recht, wir wissen, dass wir das nicht fragen sollen, aber man braucht halt seine Bestätigung, und dann fragt Mann halt bei anderen Gelegenheiten: »Schatz, ich hab den Müll runtergebracht. Und, wie war ich?«

Ja, man verändert sich. Aber meine Damen, seien Sie nicht zu enttäuscht. Im Herzen bleibt Ihr Gatte natürlich der alte Macho. Der Vati, der den Kindern Süßigkeiten im Nikolaus-Stiefel versteckt, also selber, und trotzdem eine Viertelstunde später grinsend fragt: »Und, war der Nikolaus brav?« Das ist immer noch derselbe Macho, der früher nach dem Sex gefragt hat: »Und, wie war ich?«

Leider finden sich immer weniger Gelegenheiten, sich als Mann zu beweisen. Mammutjäger ist seit der letzten Eiszeit kein anerkannter Ausbildungsberuf mehr und im Reihenmittelhaus gibt es auch kaum Säbelzahntiger abzuwehren. Nicht einmal Vertreter von Staubsaugern oder Glaubensrichtungen kommen noch regelmäßig vorbei. Wenn man Glück hat, dann findet sich von Zeit zu Zeit eine Spinne. Eine, die »wirklich groß« ist. Vielleicht hat ein gütiger Gott den Frauen diese irrationale Angst vor harmlosen Spinnen gegeben, damit Männer sich auf gefahrlose Weise als Helden aufspielen können.

MÜLL RAUSBRINGEN

 *Ehrlich, wenn man diese Sachen alle so liest, man hat langsam den Eindruck, die Liebe ist inzwischen komplizierter als Einparken.*
Dann haben sie wieder diese Zonen erfunden. Also nicht beim Parken, bei der Frau, diese erogenen Zonen G-Punkt, C-Punkt, U-Punkt, ich glaube, mittlerweile das ganze Alphabet. Die meisten Männer sind doch schon froh, wenn sie das mit dem Grünen Punkt kapiert haben!

Das ist mir jetzt peinlich, aber wenn ich den Müll trenne – also ich mache das immer bei uns, ich habe ja jetzt Zeit, und meine Frau ist zwar so umweltbewusst, aber beim Müll wirft sie alles in einen Eimer, sogar die Sachen aus dem Bad –, dann fühle ich mich schon richtig sexy. Ja, ich kann nichts dafür, das ist, weil ich das immer so lese in diesen Zeitschriften, dass Männer, die sich sehr stark mit in den Haushalt und in die Familie einbringen, viel männlicher sind. Sie strahlen durch ihr Selbstbewusstsein eine innere Stärke und auch eine Toleranz und Achtung gegenüber ihrer Partnerin aus, die sie so richtig unwiderstehlich macht. Ich hab es auswendig gelernt.

Und so steh ich da am Mülleimer, letzte Woche. Als Mann. Unwiderstehlich. Mit einer Damenbinde in der Hand. Als

Mann. Und als Mann muss man Entscheidungen treffen. Gut,
in dem Fall war es relativ einfach: Restmüll oder Papiermüll?
Und ich hab mich dann einfach für den Papiermüll entschieden,
weil das ist, glaub ich, Zellulose, da kann man noch eine Zeit-
schrift draus machen.

Wenn ich da so steh am Mülleimer, dann denk ich oft nach über
das Leben, die Liebe, die Tage der Frau, das Einzige, was mich von
ihr noch unterscheidet. Da ist sie immer so launisch, immer schreit
sie mich an, und alles mach ich falsch. Für sie dank Carefree nur
noch »ein natürliches Gefühl von Frische«, aber für mich Blut
und Tränen.

Ja, ja, ich weiß, es ist ein Vorurteil. Die Frau verlangt vom
Mann, den Müll raus- oder runterzubringen, und er sagt:
»Ja Schatz, mach ich gleich«, und macht es dann doch
nicht.

Warum eigentlich immer dieses Müllrausbringen? Warum
nicht: »Kaufst du bitte ein Bild fürs Wohnzimmer«, oder so
was? Steinzeitgene? Erwartet man immer noch, dass vor der
Höhle ein Säbelzahntiger lauert? Oder kommt es aus noch
grauerer oder grünerer Vorzeit, als wir noch auf Bäumen
lebten und »Nach-unten-zu-Gehen«, also auf den Wald-
boden, lebensgefährlich war? Für diese Theorie würde sprechen, dass Männer, nachdem sie den Müll raus- oder runtergebracht haben, immer einige Zeit eine Pause brauchen, wie
sie früher nur antiken Helden zugestanden worden wäre,
nachdem sie Sparta gegen die Perser verteidigt hatten.

»Ich bring den Müll raus.« Die Betonung dieses Satzes muss heroisch auf »raus« liegen. Ich, der Mann, ich verlasse die schützende 3-Zimmer-Höhle und gehe »raus«. Raus ins völlig Ungewisse und bin bereit, Leben und Fersengeld zu geben, wenn es sein muss.

Erhärtet wird diese Theorie dadurch, dass in Steinzeithöhlen recht viele Knochenreste gefunden werden. Das würde dafür sprechen, dass der Mann dafür zuständig gewesen wäre, sie hinauszutragen. Er kam nur nie recht dazu, erst konnte er nicht, weil er noch auf allen Vieren lief und keine Hand frei hatte, dann kam eine Eiszeit dazwischen, dann wieder mal der Ärger mit den Neandertalern. Es war einfach immer irgendwas.

Warum sagt die Frau aber nicht: »Kaufst du bitte ein Bild«? Auch Steinzeitgene? Haben die Damen damals schon die Höhlenmalereien gestaltet? Antilopen und Auerochsen praktisch als Einkaufszettel für ihn an die Wand gemalt? Sonst bringt er wieder einen stinkenden Iltis wie letztes Mal …

Gehen wir noch weiter zurück, wieder auf die Bäume. Auf Bäumen lebt man in Nestern, und Frauen wollen Nester bauen. Heute auch noch. Ob Höhle oder Reihenmittelhaus, ein gemütliches Nest soll es sein. Für sie, für die Kinder und auch für ihn. Damit darf er kein Bild fürs Wohnzimmer kaufen. Sie müssen ja alle noch darin leben. Der Mann soll die Höhle nicht gestalten, denn das ist ihre Aufgabe.

Müllraustragen ist zwar eine Tätigkeit für die gemeinsame Höhle, hat aber nichts mit ihrer Gestaltung zu tun. Nur weil der Mann sich beharrlich über Eiszeiten hinweg weigerte, den Müll tatsächlich rauszubringen, hat er die Wohnung dann doch mitgestaltet. Auf seine Art eben, wie Mann es heute noch mit getragenen Socken versucht.

»Schatz, bringst du den Müll raus.« Vielleicht hat das ja auch eine symbolische Komponente. Der Mann verlässt gemeinsam mit dem Müll die Wohnung. Statt »Schatz, bring den Müll raus« könnte sie demnach auch sagen: »Müll, bring den Schatz raus.« Eine symbolische Scheidung, eine ritualisierte Trennung, eine Mülltrennung eben. Eine symbolische Scheidung, die sich beliebig oft wiederholen lässt und danach einen Neuanfang ermöglicht. Aber vielleicht erzähle ich nur Müll.

GEFÜHLE ZEIGEN

 *»Sorgen Sie mal wieder für knisternde erotische Stimmung.« Das schreibt sich leicht, aber wie es im Alltag aussieht, das schreiben die nicht in diesen Zeitschriften. Das interessiert die nicht. Im Alltag, wenn es Probleme gibt, wenn nicht alles glatt läuft, wenn vielleicht jemand krank ist. Kann ja mal sein. Weil meine Frau ist nicht ganz gesund, sie hat eine Krankheit, sie hat so eine Teilzeitallergie, sie bekommt Migräne, wenn ich sie anfasse. Dann sagt sie immer: »Ich würde viel lieber mit dir reden«, »Warum reden wir eigentlich nicht mehr miteinander?«, und dann rede ich mit ihr, weil das ist auch wichtig. Stundenlang.*

Ja, über was reden wir? Ich weiß es nicht. Einfach so, nichts Wichtiges, also zumindest nicht für mich. Aber verstehen Sie, ich bin ein moderner Mann. Ich versuche offen zu sein, ich versuche Gefühle zu zeigen, die ich weder habe noch verstehe.

Ich soll mit ihr reden. Ich soll ihr sagen, was ich fühle. Aber meine Seele hat in letzter Zeit wenig mit meinem Verstand gesprochen, woher soll ich also wissen, was ich fühle?

Meistens habe ich auf die Frage nach meinen Gefühlen nur zwei Antworten, und von beiden weiß ich, dass sie sie nicht wirklich zufriedenstellen: »Gut« oder »Wieso?«.

»Wieso?« ist natürlich keine Antwort, aber ich finde, wer eine Frage stellt, sollte auch bereit sein, eine Gegenfrage zu beantworten.

»Na, weil du so komisch schaust«, sagt sie daraufhin vielleicht. Darauf könnte ich antworten: »Ich schau so komisch, weil du mich so kritisch gefragt hast, was ich fühle.« Darauf würde sie sagen: »Du hast aber vorher schon so geschaut.«

Wenn diese Plauderei einige Zeit hin- und hergegangen ist, kann ich endlich zugeben: »Es geht mir schlecht«, und ich weiß dann sogar, wieso.

Das Ganze geht natürlich auch in umgekehrter Richtung. Dass ich als Erstes frage: »Was denkst du?« oder: »Was ist?« und sie darauf ausweichend antwortet. Allerdings will sie es dann nur nicht sagen, wenn sie ausweichend antwortet. Im Gegensatz zu mir weiß sie immer, wie es ihr gerade geht, und so gesehen ist sie schwer im Vorteil.

Streiten ist einfacher. Im Streit reden wir in ehrlichen, klaren Schimpfwörtern, da kommt zügiger ein Gespräch in Gang.

Es gibt ja verschiedene Schwierigkeiten beim Reden, und das wurde auch alles schon oft und gründlich untersucht. Leider sind sich die Psychologen aber auch nicht immer einig, weil auch sie ihre Erkenntnisse lieber gewinnbringend in Zeitschriften veröffentlichen, als miteinander zu reden.

Als wir auf den Bäumen saßen, hatten wir keine Sprache, sondern vielleicht Grunzlaute, und unsere Vorfahren haben gerne miteinander gegrunzt, obwohl oder gerade weil sie nicht wussten, was sie sagten. Aus diesen sinnlosen Grunzlauten entstanden dann im Laufe der Jahrtausende sinnlose Wörter wie »Wachstumsbeschleunigungsgesetz«, um ein Beispiel zu nennen.

Unsere unepilierten Vorfahren imponierten sich gegenseitig mit Wörtern wie »Vorsteuerjahreserklärung« oder »doppelte Buchführung«, ohne den Sinn davon zu kennen, sonst wären sie ja nie von den Bäumen herabgestiegen. Aber sie bemerkten, dass diese Wörter eine einschüchternde, lähmende Wirkung auf den Stammnachbarn hatten.

Kann Mehr-miteinander-Reden dann eine Lösung sein? Die Antwort ist: »Eindeutig ja.« »Ja« hätte hier auch gereicht, aber da ich mir nicht sicher bin, schreibe ich lieber: »Eindeutig ja.«

Wir sollten wieder mehr in der Art reden wie unsere Vorvorvorfahren. Sie wussten nicht, was sie sagten, und sie wussten nicht einmal wie der viel spätere Sokrates, dass sie nichts wussten. Sie grunzten, und weil sie nichts wussten, konnten sie auch nicht recht haben, und es war ihnen auch egal. Sie redegrunzten einfach miteinander.

»Wie geht es dir?« Diese Frage wird ja heutzutage auch in allen Talkshows gestellt. »Wie geht es Ihnen?« Und wer nicht alles von sich preisgibt, ist verdächtig.

Seelisches Flitzertum ist inzwischen eine Tugend geworden. Aber wer nichts zu verbergen hat, bei dem steckt wohl auch nicht viel dahinter.

Sagen Sie nicht alles, behalten Sie Ihr Feigenblatt, das ist Ihr gutes Recht. Aber sagen Sie das, was Sie sagen möchten, laut. Haben Sie Mut und grunzen Sie. Man möchte nicht eines Tages an irgendeinem Grab stehen und denken: »So viel hätte ich dir sagen wollen.«

Früher wollte ich, dass
er über seine Gefühle
spricht, um zu wissen,
wie es ihm geht.
Heute fordere ich es
nur noch, um ihn
zu ärgern.

AW 2013

PRINZ AUF DEM WEISSEN ROSS

Und sie redet und redet, bis wir dann beide vom vielen Reden Kopfschmerzen haben, und dann sagt sie: »Du bist immer so rücksichtslos, du lässt mich nie einschlafen.« Und dann legt sie sich hin und sie schläft immer gleich ein und ich leg mich daneben und kann dann oft noch nicht einschlafen. Aber das macht nichts, ist immer ganz friedlich und still, und wenn ich nicht einschlafen kann, dann zähl ich einfach leise meine Minderwertigkeitskomplexe. Weil ich weiß ja, wovon sie träumt. Sie träumt wovon alle Frauen träumen. Mit oder ohne Beziehung, mit oder ohne Zeitschriften, seit Jahrhunderten. Vom Prinzen auf dem weißen Ross, diesem Arschloch. Der angetrabt kommt und ihr die Tür aufhält und ... nein, Quatsch, ein Ross hat ja keine Tür, aber der sagt: »Komm mit, steig auf, ich entführe dich.« Davon träumen alle Frauen. Vom Prinzen auf dem weißen Ross. Der aber in Wirklichkeit vielleicht sagen würde: »Ich hoffe, du hast nicht deine Tage, weißt du, ich hab nämlich ein weißes Ross.« Oder er ist schon längst verheiratet, und dann fragt man sich: »Wovon träumt seine Frau?«

Der Mensch braucht das Gespräch wie die Luft zum Atmen so sehr wie der Frosch beides nicht braucht. Der Frosch kann auch unter Wasser atmen. Wenn er will, bleibt er sein Leben lang unter Wasser, er muss dazu nicht einmal die Luft anhalten, und er bekommt auch keinen roten Kopf wie wir, sondern bleibt schön grün. Er braucht auch kein Gespräch, ihm reicht sein Quak, Quak. »Ich bin ein Frosch«, das ist alles, was er damit sagen will. Als Information an eventuelle Fröschinnen.

Von Fröschinnen hört man selten, dabei gibt es genauso viele Fröschinnen wie Frösche. Das ist der Fluch aus dem Märchen. Weil der Frosch oder die Fröschin sich in einen Prinzen verwandelt hat, glauben nun alle, ein Frosch sei immer männlich. Dass aus einer Fröschin auch eine wunderschöne Prinzessin werden könnte oder dass der Prinz vielleicht eine Fröschin war und bei der Umwandlung zum Prinzen die Geschlechtsumwandlung gleich mitvollzogen hat, darüber denkt kaum jemand nach. Dabei wird ja aus manchem Frosch – und ich meine hier die zweibeinigen, nicht die zweischenkeligen – erst dann ein Prinz, wenn er sich seiner weiblichen Seite bewusst wird.

Vielleicht ist das die goldene Kugel in dem Märchen. Ein Mann ist ein Mann, ist ein Prinz, wenn er die schönen Dinge des Lebens sehen kann, seine Gefühle fühlen und zeigen kann, reden kann und nicht nur quaken, sich gerne mal schick anzieht und keine Angst hat, dann kein richtiger Mann mehr zu sein, denn nichts ist uncooler, als unbedingt cool sein zu wollen, und da kann es tatsächlich mal helfen, an die Wand geworfen oder geküsst zu werden, um aufzuwachen.

War das jetzt platt? Ich hoffe nicht, denn es wäre unschicklich, »platt« in einem Abschnitt über Frösche zu verwenden.

Ich meinte, ob es eine Plattitüde wäre, zu sagen, dass Männer, wenn sie die schönen Dinge des Lebens genießen können, ihre Gefühle zeigen und reden können und sich ab und an textilmäßig häuten, schon als Prinzen zu gelten haben. Ist man dann wirklich schon ein Prinz? Aber ja, liebe Männer, denn die sind ja geduldig und genügsam mit uns.

Manchmal geschieht diese Metamorphose ja ganz unerwartet, wenn Herr Frosch sich verliebt. Nur leider ist die Umwandlung nicht wie im Märchen dauerhaft. Der Frosch ist dann sozusagen ein Scheinprinz, ein Frosch mit befristetem Angestelltenverhältnis, solange die Verliebtheit anhält. In dieser Zeit findet er alles Frauliche schön, weil »sie« ja eine Frau ist. Ja, es geht sogar so weit, dass er das Frauliche an sich selber schön findet, dass er sich darüber freut, wenn er plötzlich am Wegrand Blumen sieht, die urplötzlich in der letzten Nacht aus dem Boden geschossen sein müssen.

Jeder, der das schon einmal erlebt hat – und ich hoffe doch, Sie haben das zumindest einmal erleben dürfen –, weiß, wie sich die Welt dann verändert. Das Telefon klingelt ganz anders, obwohl man den Klingelton nicht umgestellt hat. Alles sieht anders aus, Frösche sehen plötzlich wie Prinzen aus, und damit schließt sich der Teich wieder. Frösche können in Prinzen verzaubert werden und Fröschinnen in Prinzessinnen, wenn sie geliebt werden.

Die Schönheit liegt im Glupschauge des Betrachters. Ein buddhistischer Spruch sagt: »Wenn im Wald ein Baum umfällt und es ist niemand da, der es hört, dann gibt es auch kein Geräusch.« Wenn im Teich ein Frosch quakt und niemand ist da, der ihn küsst, dann gibt es zwar ein Geräusch, aber keinen Prinzen.

So, jetzt verlassen wir aber die Theorie und springen in den Teich. Grün ist alle Theorie.

PS: Und vergessen Sie eines nicht: Prinzen sehen besser aus als Frösche, dafür können Frösche besser Fliegen mit der Zunge fangen.

Ich hab das Märchen vom Froschkönig von hinten nach vorn gelesen und dabei musste ich an uns denken.

EINSTEIN IM SCHLAFZIMMER

Aber so was erzähl ich meiner Frau nicht. Das würde sie mir sowieso nicht glauben. Frauen wissen ja, was Gefühle und Beziehung betrifft, doch viel besser Bescheid. Das Gehirn ist bei Frauen auch ganz anders aufgebaut. Das Gefühlszentrum ist ganz eng verbunden mit dem Erinnerungszentrum an diese Rosamunde-Pilcher-Filme.

Man könnte schon mal fragen, warum Frauen diese Deutungshoheit über alles haben, was mit Gefühlen und Beziehung zu tun hat. Wieso können Frauen einfach sagen: »Männer reden zu wenig über Gefühle«, und keiner steht auf und sagt: »Nein, Frauen schweigen zu wenig über ihre Gefühle«? Das ist doch alles relativ. Das ist doch dasselbe wie im Schlafzimmer, wieso glauben Männer da immer, dass sie zu früh gekommen sind, und keiner sagt mal: »Du bist aber schon wieder spät dran heute Liebling. Noch mal, dann gibt es eine Abmahnung«?

Manchmal, nach all den Jahren, hab ich den Eindruck, dass wir uns gar nicht richtig kennen. Dass wir uns überhaupt nicht kennen. Ich hab deshalb auch nie ihre Freundschaftsanfrage auf Facebook beantwortet.

Wie heißt es in dem Buch? Nicht Facebook, das andere Buch?
Bibel! »Liebe deinen Nächsten wie dich selbst.« Interessant,
nicht? Da steckt ja drin »wie dich selbst«. Man muss sich
selber lieben. Alles muss man selber machen.

Und Nächstenliebe ist auch nicht mehr so einfach wie frü-
her. Wie war das früher? Der eine, der immer im Herbst
kommt, mit der Laterne. Ich geh mit meiner Laterne ... –
Sankt Martin.
Wie war das damals? Der hat einfach seinen Mantel genom-
men, in der Mitte durchgeschnitten, die Hälfte einem Bettler
gegeben und, zack, war er heilig! Das geht heute gar nicht
mehr. Die Kleidersammlung nimmt ja nicht mal mehr Sachen
an, wenn irgendwo ein Knopf fehlt.

Von Sankt Martin gibt es viele schöne Geschichten. In
einer sollte er zum Bischof geweiht werden. Wollte er
aber nicht und hat sich im Gänsestall versteckt. Aber
die Gänse – und hier bewies Sankt Martin erstaunliche
Kurzsichtigkeit für einen Heiligen – schnatterten und
haben ihn damit verraten. So kam die Gemeinde zu ihrem
Bischof, und als Dank und auch ein bisschen als Strafe
werden an Sankt Martin Gänse gegessen. Ja, in der Nähe
von Königen und Bischöfen zu leben war schon immer
gefährlich.

Er hat auch die Hälfte seines Mantels einem Bettler gegeben. Macht auf den ersten Blick wenig Sinn. Allerdings
war das ein römischer Soldatenmantel und die waren

eher vom Schnitt her wie diese Rheuma-Decken, die man auf Kaffeefahrten kauft.

Jesus hat noch Brot und Fische vermehrt, Sankt Martin schneidet nur noch mitten durch. Die Wunder scheinen da schon etwas nachgelassen zu haben. Unsere heutigen Bischöfe vermehren weder sich noch Brot, schneiden auch nichts mehr durch, außer vielleicht rote Bänder bei Einweihungen, aber keine Militärmäntel, die werden höchstens gesegnet.

Verträgt sich das Segnen von Waffen mit: »Liebe deinen Nächsten wie dich selbst«? Man könnte meinen, dass jemand, der seinen Nächsten so liebt wie sich selbst und eine Bombe segnet, die töten soll, weder sich noch seinen Nächsten besonders lieben kann. Das ist das Problem bei diesem Gebot. Da steht nicht: »Tue deinem Nächsten Gutes«, sondern: »Liebe ihn genauso viel, wie du dich liebst.« Jetzt gibt es aber Menschen, die sind streng und hart zu sich selbst. Wehe denen, die der Nächstenliebe dieser Menschen in die Hände fallen.

Möglicherweise ist dieses Gebot unnötig. Wenn wir uns selbst lieben, werden wir auch unseren Nächsten lieben. Die Liebe ist im Gegensatz zum Mantel unteilbar. Wer einen Menschen richtig liebt, der liebt alle, und wer einen richtig hasst, vor dem nimm dich in Acht.

Vielleicht hat Jesus das auch gemeint mit diesem seltsamen Gebot. Liebe oder lass es bleiben. Sobald wir fragen:

»Wen muss ich lieben?« und: »Wie viel?«, haben wir es nicht verstanden. Wenn du wirklich liebst, wirst du alle lieben. Alle Menschen und auch die Tiere, Pflanzen und Bischöfe. Ansonsten wäre es doch ein geradezu unanständiges Gebot, »Liebe« zu befehlen.

Ein Mensch, der lieben will, weil er es muss, obwohl er es nicht fühlt, wird sich selbst verlieren, und dafür wird er eines Tages Schuldige suchen. Dann wird er das Gebot wieder erfüllen, er wird zu seinem Nächsten so sein wie zu sich selbst, er wird beide hassen.

Jesus hat nicht nur Lebensmittel vermehrt, er hat auch gute Gags gemacht, und ich glaube, das ist einer seiner besten. Ein Gebot, das unhaltbar klingt, das man aber immer halten wird. Unentrinnbar. Immer wird man seinen Nächsten genauso viel lieben wie sich selbst und sich selbst genauso viel wie seinen Nächsten.

Liebe deinen Nächsten wie dich selbst. Da muss schon was dran sein, stand letztens auch in der *Brigitte*.

IN DER KIRCHE

*Ich kenne mich aus mit Religion. Weil ich war ja vor zwei Wochen wieder mal in einer Kirche. Wegen des Klimas. Aber jetzt nicht um für den Klimaschutz zu beten, sondern es hat geregnet und ich hab mich untergestellt.
Man geht ja nur noch in die Kirche zum Unterstellen. Unsere Eltern gingen noch, damit man sich trifft. Das hat man heute ja alles bei Facebook.*

Da war alles noch wie früher. Katholisch. Alles voll Weihrauch, richtig schön verraucht, findet man in einer Kneipe ja gar nicht mehr. Gleich am Eingang die Opferstöcke. Diese Kästen, wo die Leute Geld reinwerfen in der Hoffnung, irgendwann dafür das ewige Leben zu gewinnen. Darf jeder mitmachen. Sogar Minderjährige. Obwohl es ja immer heißt: »Glücksspiel kann süchtig machen!«

Meine Mama hat mich auch immer einwerfen lassen. Deshalb hab ich mir gedacht: »Das machst du jetzt noch mal.« Als Kindheitserinnerung. Münze reingeworfen. Kling! Tut sich nichts. Ja, ich hab gedacht – ich war ja schon lang nicht mehr in einer Kirche –, dass vielleicht mittlerweile durch die Elektronik, wenn man Geld einwirft, dass vielleicht die Orgel anfängt zu spielen oder die Glocken läuten oder sich das Kreuz dreht. Irgendwas.

Ist das nicht enttäuschend? Eine Münze in einen Automaten zu werfen und nichts tut sich. Eine Form der persönlichen Niederlage, die unsere Vorfahren nicht kannten. Früher hat der Fahrkartenverkäufer am Bahnhof zuerst die Karten erstellt und dann hat er sie auf diese runde Scheibe gelegt und wir das Geld auf die andere Seite der Scheibe und dann hat er das Ganze gedreht und unter der Glasscheibe auf unserer Seite lag zuverlässig die Fahrkarte.

Oder Zigaretten. Ich weiß, rauchen ist tödlich und steuerlich nicht begünstigt. Aber ziehen wir nur mal als Beispiel eine Kippe durch. Können Sie sich einen Tabakverkäufer vorstellen, der erst das Geld verlangt, dann nach hinten geht, um festzustellen, die Marke ist ausverkauft? Und dann müssten Sie ihm noch einen Tritt vors Schienbein geben, damit er die Münzen wieder rauslässt.

Fast überall, wo wir es noch mit Menschen zu tun haben, bekommen wir erst die Ware und zahlen dann. Nur die Automaten sind so frech und machen es umgekehrt. Kein menschliches Taktgefühl. Demütigend. Irgendjemand scheint dieser Maschine gesagt zu haben, dass die meisten Menschen wohl unauffällig weggehen würden, wenn sie erst mal die Zigaretten oder die Fahrkarten in den Händen hätten, und solange uns die Automaten nicht hinterherlaufen können, werden sie wohl sehr vorsichtig bleiben. Allerdings erwarten sie von uns das Vertrauen, in Vorzahlung zu gehen.

Die Menschen, die die Automaten bauen und aufstellen, haben mehr Vertrauen in ihre Maschinen als in ihre Mitmenschen.

Wieso nehmen wir das hin? Wieso zahlen wir brav und freuen uns wie Kinder, wenn der Automat das gewünschte Produkt rausrückt? Vielleicht weil wir daran gewöhnt sind, im Leben in Vorkasse zu gehen.

Wie oft haben wir Energie, Liebe und Zeit in die Schlitze des Lebens geworfen und nicht immer kam das raus, was wir wollten?

Dann nützt es nichts, gegen den Automaten zu treten. Unauffällig umdrehen, locker weiterschlendern und sich sagen: »Rauchen ist sowieso tödlich« – das wäre eine recht souveräne Reaktion, ist aber schwer.

Unsere Kinder erziehen wir dann auch so. »Wenn du brav bist, dann bringt dir der Weihnachtsmann Geschenke.«

Bravsein ist die Münze, und ein Jahr lang muss das Kind in Vorkasse gehen. Zwar spuckt der Weihnachtsmann-Eltern-Automat dann immer ein Geschenk aus, aber er bringt meistens nicht die gewünschte Ware.

Ich möchte eine Fahrkarte nach München, habe aber kein Geld dabei und bekomme vom Automaten einen Wackeldackel. Dieses System muss für Kinder verwirrend sein und erklärt den späteren unterwürfigen Umgang mit Automaten.

Bei uns ist es das Christkind, das die Geschenke bringt, wenn die Kinder brav sind. Da ich aber nicht wollte, dass sie nur brav sind, damit sie Geschenke bekommen, habe ich die Geschichte etwas anders erzählt. »Das Christkind hat Flügel«, habe ich gesagt, »und wird deshalb wie Motten vom Licht angezogen. Deshalb stellen wir einen Baum mit vielen Kerzen auf. Das Christkind umkreist daraufhin den Baum so lange, bis ihm schwindelig wird und es ein paar Geschenke verliert.«

PS: Kurz vor Weihnachten gibt es wieder Terroralarm. Konsum-Terroralarm. Die bedrohliche Botschaft an die westliche Welt wird in allen Medien verbreitet und besonders der männliche Teil der Bevölkerung ist in Panik. Nur noch 52 Tage bis Weihnachten und Mann hat immer noch kein Geschenk.

In der Kirche war alles wie früher. Er kam sich in der großen Halle genauso klein und sündig vor wie damals und war genauso schnell wieder draußen.

BETEN

 *Egal, dass sich nach dem Münzeinwurf nichts tut. Es ist ja für einen guten Zweck, der liebe Gott ist zwar, was man so hört, allmächtig, aber ein bisschen Geld kann scheinbar jeder gebrauchen.*

Ich hab mir dann nur gedacht: »Jetzt hast du schon bezahlt, jetzt könntest du ja eigentlich auch beten.« Aber das ist auch gar nicht so einfach, wenn man nicht so einen starken Glauben hat, weil ich bin so ein Zweifler. Ich glaube, dass man nichts sicher wissen kann. Das hindert mich zwar nicht, bei jeder Diskussion zu denken, dass ich recht habe, aber trotzdem, ich bin ein Zweifler.
Vielleicht kommt das wegen des Schminkens von meiner Frau. Sie wollte im Badezimmer wegen des Schminkens sehr helle Halogenlampen über dem Spiegel. Und jetzt haben wir im Badezimmer über dem Spiegel so ganz helle Lampen. Und wenn ich mich da jetzt jeden Morgen so überdeutlich im Spiegel sehe, an einen gnädigen Schöpfer zu glauben, das fällt mir von Jahr zu Jahr schwerer.

Ich habe dann gebetet, was man als Ungläubiger beten kann. Hab ich mal wo gelesen: »Lieber Gott, wenn es dich gibt, dann rette meine Seele, falls ich eine habe.« Dann hab ich noch für

meinen Kontostand gebetet und dann wollte ich schon auch noch
für den Weltfrieden beten, aber da hatte ich den Eindruck, dass
die 50 Cent schon abgelaufen waren.

Ja, ich bin kein Gläubiger, ich bin eher Schuldner.
Wenn es mir gut geht, zweifle ich, wenn es mir schlecht
geht, bin ich verzweifelt. Trotzdem glaube ich, dass es
etwas gibt. Weil es alles das gibt, was ich sehe, glaube
ich, dass da auch etwas dahinter sein muss. »Es muss
irgendwas passiert sein, wodurch alles das hier entstanden ist«, denke ich. Das ist, wie wenn man morgens an
einem unbekannten Ort aufwacht und sich sagt: »Ich
weiß zwar nicht mehr, wie ich hierhergekommen bin,
aber ich bin da. Es muss irgendwas passiert sein.« Oder
in einer Beziehung: »Ich bin da, sie ist da, wir wissen
zwar nicht mehr wieso, aber es muss mal was gewesen
sein.«

Heutzutage zweifelt ja schon jeder. Leute, die sich sonst
kaum einen selbstständigen Gedanken leisten, leisten
sich den Zweifel. Meistens nur Secondhand-Zweifel,
denn der ist billiger.
Wir lassen zweifeln. Gerne von der Wissenschaft. Aber
die Wissenschaft hat sich schon oft geirrt, das ist wissen-
schaftlich erwiesen.
Selbst die Kirchen glauben nicht mehr alles, was sie
früher geglaubt haben. Der gläubigste Mensch zweifelt
heute so viel, dass das früher für eine ganze Inquisition
gereicht hätte.

Wir wollen keine Schafherde mehr sein, die das nach-
blökt, was ein anderer vorblökt. Aber mittlerweile glauben nur noch so wenige Menschen, dass man es schon
wieder machen könnte, ohne ein Schaf zu sein. Wenn
alle zweifeln, dann fange ich schon wieder an, an dem
Zweifel zu zweifeln.

Manchmal würde ich ja gerne was glauben, da sitzen
und auf eine Erlösung warten, und jede Stunde, die vergeht, vergeht nicht mehr gegen mich, sondern bringt
mich eine Stunde näher an meine Erlösung. Aber Erlösung von was eigentlich? Von mir, von meinen Ängs-
ten, von der Realität? Ja, Erlösung von der sogenannten
Realität, dieser alten Spielverderberin, wäre schön.
Aber vielleicht müssen wir uns von der auch selbst erlö-
sen. Vielleicht ist das, was wir sehen, gar nicht die Realität, vielleicht ist das, was wir sehen, nur das, was wir
sehen.
Wie ich vor dem Spiegel: Jahrelang habe ich mir keine
Brille gekauft, weil ich dachte, mit Brille sähe ich älter
aus. Dabei hab ich mich mit Brille nur deutlicher im
Spiegel gesehen. Man glaubt dann eher an Reinkar-
nation: »So wie ich aussehe, habe ich schon einmal
gelebt.«
Man schaut nicht so genau hin und liebt lieber die Vorstellung, die man von sich hat. Oder man erinnert sich
daran, wie toll man früher ausgesehen hat, bis man dann
wieder alte Schulfotos sieht und denkt: »Na ja, so toll
war das auch nicht.«

Aber der Körper ist ja nur die Hülle. Die Ausstrahlung kommt von innen wie beim Atomkraftwerk, und solange die Außenhülle steht, ist alles gut.

Vor einiger Zeit bin ich mit einem dieser Aufzüge gefahren, bei denen das Baujahr neben den Druckknöpfen steht. Baujahr 1966. Genauso alt wie ich. Ich war etwas verunsichert. Ich fuhr in den achten Stock und ich weiß, was bei mir alles nicht mehr funktioniert. Hoffte, der Aufzug wäre besser gewartet.

Frauen gehen als Aschenputtel ins Bad und kommen nach einer Stunde als Prinzessin wieder raus. Ich komm nach fünf Minuten raus und sehe aus wie vorher. Spieglein, Spieglein an der Wand.
Manchmal ärgert uns unser Partner auch nur, weil er ein Spiegel ist. Spiegelt einfach unsere Schwächen. Deshalb öfters wieder bei Kerzenschein ausgehen. Romantik bedeutet manchmal einfach nur, nicht alles sehen.

MAMAS SPRÜCHE

 *Früher, meine Eltern, die hatten noch so feste Werte. Meine Mutter hat uns mit Sprüchen erzogen. Für jede Situation hatten wir einen Spruch und die hatte sie nicht aus irgendwelchen Ratgeber-Zeitschriften. Die hatte sie von ihrer Mutter und die wieder von ihrer Mutter, so wie: »Iss deinen Teller auf, sonst wird das Wetter morgen schlecht« oder: »Immer wenn du dich untenrum anfasst, dann stirbt irgendwo ein kleines Kätzchen.« Na ja, katholisch.*

Soweit ich mich erinnere, gab es in meiner Kindheit den Begriff »Umweltschutz« noch nicht so wie heute. Wir hatten keine Umwelt, wir hatten nur Umgebung. Es gab immer genug Umgebung, rechts, links, vorne und hinten, und wenn sie irgendwo nicht so schön war, dann ging man halt woanders hin.

Damals gab es auch noch keine Wertstoffsammelstelle. Nicht einmal George Orwell wäre auf die Idee gekommen, dass Müll eines Tages »Wertstoff« heißen könnte. Ja, dass er sogar tatsächlich ein Wertstoff ist. Ein ehrlicher Euphemismus. So wie die Krankenkassen jetzt gerne Gesundheitskassen heißen wollen, weil sie nicht mehr für die Kranken zuständig sein wollen, sondern für die Gesunden.

Es gab nur Schrottplätze und Müllkippen. Wertstoffsammelstellen gab es nur für ideelle Werte und die hießen Mütter. Wertstoffsammelstellen für Sprüche und Lebenserfahrung.

Für jede Erlaubnis, die wir uns erbettelten, bekamen wir einen Spruch als Dosenpfand dazu. Ich glaube, der Grund für die Nachfrage nach Wandkalendern mit Sprüchen ist der Wunsch, nach Hause zu kommen. Da ist jemand, der weiß etwas, und das gibt er mir mit auf den Weg wie ein Brot für die Pause.

Heute haben wir mehr Wertstoffsammelstellen als Bäckereien und trotzdem kommen uns die Werte abhanden und die Brötchen schmecken auch nicht mehr so wie früher. Ein Leckerback ist eben im Vergleich zu einem echten Bäcker wie das Kinderparadies bei IKEA verglichen mit einer richtigen Mutter: »Geht mal, aber wenn es ernst wird, muss doch die Mama ausgerufen werden.« Und ernst wird es im Leben ja immer mal und dann wäre es schön, wenn wir noch einmal unseren alten Bäckermeister hätten, der für den Leib und die Seele knusprigen Trost gebacken hat.

Wertstoffsammelstellen. Dinge, die wir nicht mehr brauchen, werden gesammelt, getrennt und etwas Neues entsteht. Klingt gut. Gerne wird aber aus altem kaputtem Schrott nur neuer funktionierender Schrott gemacht und daraus folgt das seltsame Phänomen, dass manche Geräte Schrott sind, solange sie funktionieren, und erst im kaputten Zustand Wertstoff werden.

Altersheime wären auch Wertstoffsammelstellen, werden aber nicht als solche wahrgenommen. Wiederverwertbare Lebenserfahrungen, für die sich keiner interessiert. »Die Oma soll ihren Schrott für sich behalten«, hat mancher so leise gesagt, dass es die schwerhörige Oma nicht hören konnte.

Wenn Ackerland, auf dem bisher Weizen für Brot hergestellt wurde, in ein Rapsfeld für Sprit umgewandelt wird, hat der Bauer Werte geschaffen. Innere Werte fürs Auto statt innere Werte für Menschen.
Vielleicht sollten wir wieder an echte Werte denken. Wenn Ingenieure einen Katalysator entwickeln würden, durch den man Biosprit in Brot zurückverwandeln könnte, das wäre Wachstum. Wenn wir bereit wären, dafür öfters mit einem Fahrrad zu fahren, das nur 20 statt 21 Gänge hätte, und den 21-ten Gang würden wir zu Fuß gehen, das wären Werte. Wenn Wachstum bedeuten würde, weniger zu verbrauchen und zu kaufen als letztes Jahr, das wäre auch Wachstum. Wenn wir Werbeplakate aufhängen würden, auf denen stünde »Plakatieren verboten«, und wir nicht ständig wachsen wollten, sondern uns bücken und die Werte aufheben würden, die hinter uns liegen, wenn wir uns nicht darum kümmern würden, »wie oft«, sondern »wie gut«, dann könnten wir eine Lebenswertstoffsammelstelle werden. Leben. Wert. Stoff. Sammel. Stelle. Man muss ja alles trennen.

Lebenswertstoffe werden in Seniorenresidenzen entsorgt. Restmüll, Biomüll, Menschenmüll.

Wird es eines Tages Psychologen geben wie es Leiter der Wertstoffsammelzentren gibt, die fragen: »Frau oder Herr Maier, was hat Sie in Ihrem Leben am glücklichsten gemacht?«? Einfach zuhören und die Gedanken in Körbchen sammeln und wenn es sein muss, auf Kalender drucken.

Manche sagen: »Das Geld liegt auf der Straße, man muss sich nur bücken.« Mag sein, dass sie recht haben. Oma und Opa liegen nicht auf der Straße, außer wenn im Winter aus Kostengründen mal wieder nicht gestreut wurde. Öfters liegen sie im Altersheim oder stehen in der Supermarkt-Schlange mit dem Rollator vor uns. Ein wenig bücken muss man sich dann auch. Könnte sich aber lohnen.

Iss deinen Teller leer, sonst bricht morgen der DAX ein.

BEICHTE

 *Wir mussten ja auch noch regelmäßig zur Beichte. Katholische Schulklasse, zweimal im Jahr geschlossen zur Beichte marschieren. Wir waren unschuldige Kinder, wir hatten oft gar keine Lust mehr zu sündigen, aber wir mussten halt, weil: »Morgen ist Beichte.«*

Und wenn wir zu wenig gewusst haben, dann hat uns der Priester eine lange Liste mit möglichen Sünden vorgelesen, und da haben wir wenigstens noch eine Menge gelernt.

Heute geht ja niemand mehr beichten. Die Priester sitzen alleine im dunklen Beichtstuhl, oder vielleicht auch zu zweit, das weiß ich nicht. Ich finde das schade, wegen der Werte. Wenn man diese Werte nicht mehr hat, dann bleibt nur noch Materielles, Geburtstagsgeschenk und so.

Klingt altmodisch und so verstaubt wie die Beichtstühle meistens von außen aussehen, ist aber trotzdem immer aktuell. »Ich muss dir was beichten« wird ständig irgendwo ausgesprochen, aber inzwischen eher im privaten Bereich als im Beichtstuhl und leitet meist eine Entschuldigung ein, die nicht ganz ernst genommen werden will.

»Ich muss dir was gestehen« klingt da ganz anders. Wer gesteht, bekennt sich schuldig. Da wird der andere zum

Richter, und ich habe keine Garantie, ob ich wieder auf Bewährung davonkomme.

Wer beichtet, will von vornherein die Garantie für den Ablass. Das gehört mit zum Geschäft. Spirituelle Bulimie. Egal, wie viel ich ausgefressen habe, wenn ich beichte, werde ich es wieder los. Ich beichte dir und dafür sagst du: »Deine Sünden sind dir vergeben.«

Eine Beichte macht zum Komplizen, denn der die Beichte hört, muss das Gesagte für sich behalten. Eigentlich eine schöne Vorstellung. Es gäbe da einen Menschen, dem ich immer alles sagen kann. Dazu gehört natürlich Vertrauen in den Pfarrer, dass dieser lieber das Altartuch aufessen würde, als ein Beichtgeheimnis zu verraten.

Viele, denen dieses Vertrauen fehlt, beichten dafür in öffentlichen Verkehrsmitteln. »Weißt du, was wir gestern gemacht haben ...?« wird da in das Smartphone gebrüllt, und ein Pfarrer könnte da mehr Sünden abhören als im Beichtstuhl.

Seit einiger Zeit wird es wieder ruhiger in den Bussen und Bahnen. Man brüllt nicht mehr, man tippt. In Facebook. Das können dann alle lesen, so laut könnte man gar nicht brüllen. Für alle, die Facebook nicht kennen: Das ist eine Internetplattform, auf der Sie alles schreiben können, was Sie niemandem erzählen können, weil es niemanden interessiert. Dass Sie gerade essen, was Sie gerade essen oder dass Sie gerade nicht essen, nur um mal drei Beispiele zu nennen. Sie können aber auch so ziemlich alles schreiben, was es in früheren Jahrhunderten in den katholischen Beichtstuhl geschafft hätte.

Müllers ziehen die Vorhänge zu, damit die Nachbarn nicht sehen, was sie zu Abend essen, posten aber den vollen Teller als Foto auf Facebook. Und Johans klicken daraufhin »Gefällt mir« an, obwohl Mahlzeiten, wenn sie mit dem Handy fotografiert werden, immer unappetitlich aussehen. Man muss dazu einen kleinen erhobenen Daumen unter dem Bild anklicken, das ist wie einst der erhobene Daumen in der römischen Arena oder wie das »Deine Sünden sind dir vergeben« im katholischen Beichtstuhl. Müllers haben für ihre Kartoffelsuppe Absolution erhalten.

Man möchte gesehen werden. Viele Menschen gingen ja auch deshalb früher regelmäßig zur Beichte, weil da endlich einmal jemand war, der ihnen fünf Minuten zugehört hat. Wir möchten beachtet werden, gesehen werden, und wenn es nicht anders geht, dann möchten wir wenigstens mit unseren dunklen Seiten wahrgenommen werden oder wie auf Facebook mit unseren langweiligen.

Gibt es eigentlich noch Sünden? Außer Verkehrssünden und Diätsünden. Schade, dass man die nicht beichten kann. Drei Rosenkränze zu Lafer oder Lichter gebetet und die Pfunde wären wieder weg.

Als Kinder wussten wir nie, wann Beichte ist. Im Religionsunterricht hieß es einfach: »Heute kommt der Herr Pfarrer.«
Dann standen wir im Flur vor dem Zimmer, das kurz-
fristig als Beichtzimmer umgewidmet worden war. »Was
beichtest du?«, haben wir uns gegenseitig gefragt und uns
großzügig gegenseitig Sünden eingesagt, so dass jeder
eine gute Hand voll zu beichten hatte. Ähnlich wie bei
einem Verhör in einem Unrechtsstaat haben wir alles
zugegeben, von dem wir dachten, dass es gehört werden
will: »Ich war laut«, »Ich habe gelogen«, »Ich habe in
Religion nicht aufgepasst.« Nur der Klassenstreber hat
den anderen nichts verraten. Er wollte seine tollen Sünden alle selber beichten. Würde mich heute noch interessieren, was das war.

Da Beichtstühle von den Gläubigen kaum noch verwendet wurden, konnte man sie an CIA-Verhör-Spezialisten untervermieten.

IN DIE KIRCHE LOCKEN

Man müsste es wieder hinkriegen wie früher …, dass man die Leute zwingt, dass sie freiwillig reingehen in die Kirche. Wegen der Werte. Woanders geht es doch auch. Ich sage nur Sanifair. Da zahlen die Leute sogar noch. Aber das geht ja jetzt auch nicht, weil ich habe mir das mal überlegt, dass man, einfach, um die Leute wieder in die Kirche zu locken, vielleicht ein WC-Schild an die Kirchentür hängt. Wenn man da in der Stadt unterwegs ist, dann heißt es nicht mehr: »Will ich in die Kirche?«, sondern: »Ich muss! Und zwar dringend!« Statt aus der Kirche austreten, in der Kirche austreten. Grad wenn die Leute immer älter werden. Inkontinenz! Das klingt ja schon fast wie ein Papstname.

Es mag seltsam erscheinen, öffentliche Toiletten mit Kirchen in Verbindung zu bringen, aber die meisten Kirchen haben in ihren Räumen auch Toiletten. Meistens sogar öffentlich zugänglich, was aber wenig bekannt ist.
Wer einmal mit starkem Glauben, aber schwacher Blase auf einer kalten Kirchenbank gesessen hat, der versteht den theologischen Begriff der Erlösung ganz neu. Da entsteht ein Gesichtsausdruck, der dann gerne als andächtig missdeutet wird.

Es wäre doch ein Beispiel von Nächstenliebe und die Menschen würden mit einem dankbaren Gefühl wieder herauskommen und vielleicht auch neugierig werden und bei anderer Gelegenheit auch mal vorbeischauen.

Dann könnte man vielleicht darüber reden, von welchem Druck man sonst noch so erlöst werden könnte. »Selig die Schüler, die schlechte Noten haben, denn sie haben die Vögel vor den Fenstern gesehen«, »Selig die Mädchen, die es nicht zu Heidi Klum geschafft haben, denn sie können das Essen genießen«, wären Predigtvorschläge.

Autobahnkirchen haben kostenlose öffentliche Toiletten, und ich finde, das ist eine schöne Möglichkeit, zusammen mit dem Herrgott Sanifair mal ein kleines Schnippchen zu schlagen, und das Geld kann man dann ja in den Opferstock werfen. Leider werden Autobahnkirchen wenig genutzt. Wer unterwegs ist, will schnell ankommen und nicht darüber nachdenken, woher er kommt und wohin er geht.

Eine Mautstelle mitten auf der Autobahn, bei der man statt zahlen zu müssen gefragt würde: »Was ist Ihr Ziel und wo wollen Sie hin in Ihrem Leben und warum?«, und man könnte erst nach einer Antwort weiterfahren. Das gäbe einen Rückstau, da müsste man Deutschland großräumig umfahren. »Ich weiß nicht, wo ich herkomme und wo ich hinfahre, ich weiß nur, dass ich eine halbe Stunde zu spät bin.«

Sie sehen, ich mache mir meine Gedanken, dabei bin ich selber kaum in einer Kirche. Ich hätte sie lieber ohne religiöses Dogma. Ein Ort, an dem man sich trifft und in dem man eine Mitte findet. Eine Mitte in sich, im Dorf, in der Gemeinschaft und vielleicht darüber hinaus. Schafft die Kirche aber fast nur noch an Weihnachten.

Als ich neun Jahre jung war, durfte ich beim Weihnachtsspiel in der Schule der Josef sein. Keine tragende, aber eine wichtige Rolle. Die tragende Rolle hatte Claudia, als schwangere Maria. Meine Maria und ich liefen als Walking Act durch die Klassenzimmer und der Wirt immer voraus, damit er uns rechtzeitig die Tür der Herberge zuschlagen konnte. Trotzdem musste ich ihn jedes Mal vergeblich um Einsehen bitten und kam so zu meiner ersten Sprechrolle.

Auch war ich noch für die Navigation zwischen den Tischen zuständig, da die Reise von Nazareth nach Bethlehem ja lang war und glaubwürdig dargestellt sein wollte. Meine Entscheidungsbefugnis war aber beschränkt, da mich Maria, die in orientalischer Tradition hinter mir lief, durch Reißen am Umhang und »Da lang« zischend lenkte – eine beachtliche Dominanz, die sich wohltuend von ihrem eher unterwürfigen Verhalten gegenüber dem Engel abhob, aber das nur am Rande.

Nach dem Unterricht sprach mich ein Mitschüler an. Mein Josef hätte ihm so gut gefallen, dass er mir unbedingt einen Schilling geben müsse. Sieben Schillinge waren so viel wert wie eine Mark und man konnte dafür ungefähr so viel kaufen wie für zwei Euro. Meine erste Gage und eine ehrliche Anerkennung.

Wenn ich heute gefragt werde, warum ich noch so spät den Mut hatte, mit Kabarett zu beginnen, so hatten er und sein Schilling vielleicht Anteil daran. Wir haben uns nach der vierten Klasse aus den Augen verloren, aber vor ein paar Tagen habe ich ihn wiedergesehen, leider auf einem katholischen Sterbekärtchen. Sehr, sehr früh gestorben.

Wenn ich daraus etwas lernen kann, dann wäre vielleicht die Lektion, dass mir jeder meiner Freunde einen Euro geben sollte, nicht die ganz richtige. Aber vielleicht, dass wir mit unserer Anerkennung großzügig sein sollten.

Wenn ich an ihn denke, denke ich immer noch an diesen einen Schilling, und es ist ein gutes, warmes Gefühl. Weihnachten, Geld und Religion. Da hat es mal zusammengepasst.

Trotz des großen
Zulaufs wurde DIXI
nie als Religionsge-
meinschaft
anerkannt.

AW 2013

SCHWEIGEEXERZITIEN

 *Jeder muss eben heute Werbung machen. Die Kirchen auch. Die versuchen ja schon so Sachen, aber na ja.*

Klöster bieten Wellness-Wochenenden an. Ich weiß das auch nur zufällig, weil ich habe meiner Frau mal eines zum Geburtstag geschenkt. Ein Wellness-Wochenende. Sie wollte eins. Irgendein Wellness-Wochenende hätte sie gerne mal. Und ich bin dann ins Reisebüro und die haben da verschiedene angeboten, unter anderem in dem Kloster. Und das war preislich attraktiv und dann hab ich das für sie gekauft. Das hieß »Schweigeexerzitien«.

Da musst aber ich dann hingehen. Das war schon interessant. Das war ja ein ganzes Wochenende. Absolutes Schweigen. Wir waren so 20 Teilnehmer und ungefähr zehn Mönche, die da leben, aber kein Wort. Man kann sich das gar nicht so vorstellen, wie das ist. Wir waren beim Essen immer in einem großen Raum, eine große Tafel, 30 Personen, aber absolutes Schweigen. Wenn man da sagen wollte: »Ach, geben Sie mir mal bitte das Salz rüber«, »Ja gerne«, »Danke«, durfte man nichts sagen. Absolutes Schweigen. In so einer Situation, da mussten wir drei SMS schreiben. Das war schon eine Grenzerfahrung.

Hunde brauchen keine Worte, um sich auszudrücken. Bello hat dafür seinen Schwanz, mit dem er wedeln kann, und das sieht bei Hunden einfach besser aus.

Wie es wäre, wenn man schweigen würde? Wie ein Stummfilm ohne Klavierbegleitung oder wie Sabine Christiansen ohne Ton?
Schweigen ist das lauteste Geräusch in unserer Gesellschaft geworden. Schweigen macht verdächtig. Nur die englische Königin darf sich das heute noch erlauben. In Beziehungen wird sowieso die ganze Zeit miteinander geredet, sonst könnte der jeweils andere ja auf dumme Gedanken kommen. Und wenn wir doch mal schweigen, dann redet es in uns drinnen weiter. Oder wir führen in Gedanken die Gespräche fort, in denen wir nicht das gesagt haben, was wir sagen wollten.
Vielleicht schweigen wir so selten und lassen so wenig Stille zu, weil wir Angst vor diesen inneren Gesprächen haben. Vielleicht sollten wir diese inneren Stimmen einfach mal ausreden lassen, ihnen zuhören, egal, was sie sagen, bis sie ruhig werden, und dann darüber nachdenken, was sie gesagt haben. Alleine sein und zu sich selbst sagen: »Du, ich muss mal mit dir reden.«
In Beziehungen ist Schweigen oft verpönt, weil es zu oft bei Konflikten verwendet wird. So wie manche Lehrer ihre Schüler nur dann beim Nachnamen nennen, wenn diese etwas ausgefressen haben. Irgendwann mag man dann seinen Nachnamen nicht mehr leiden, weil man ihn immer mit dieser Situation verbindet.

Wir könnten uns Schweigegutscheine schenken als Dank für ein gutes Gespräch, und die kann man dann einlösen, wann immer man möchte.

Reden ist Silber, Schweigen ist Gold. Vielleicht waren die Mönche früher ganz schlaue Burschen. Haben einfach eine Mauer um sich gezogen, gutes Bier gebraut, sich eine Kapuze über den Kopf gezogen, wie es die Skater-Kids heute noch mit den Kapuzenshirts machen, und niemand hat sie angesprochen.

Nichts gegen das Reden. Reden ist Silber. Aber man könnte die Zeit des Schweigens so gut nutzen. Zu nichts! Einfach aussteigen aus dem Hamsterrad und eine Stunde dem eigenen Goldhamster zusehen, wie er im Rad läuft, und sich denken, wie dumm das doch ist.
In einer Beziehung könnte man versuchen, sich trotz Schweigens zu zeigen, was man sich bedeutet. Eine Berührung oder ein Lächeln oder sich in die Augen schauen und sich damit etwas sagen. Alles das wäre lauter als das Reden.
Oder rufen Sie jemanden an und sagen Sie: »Ich wollte unbedingt mit dir schweigen. Hast du mal fünf Minuten Zeit?« Und wenn die Zeugen Jehovas an der Tür stehen, bitten Sie sie freundlich herein und sagen Sie: »Ich möchte gerne mit Ihnen über Gott schweigen.«

Die nächsten drei Zeilen würde ich gerne mit Ihnen schweigen.

Erste Zeile schweigen
Zweite Zeile schweigen
Dritte Zeile schweigen

Jan wusste gar nicht, worum es in der Diskussion ging, hatte dies aber im Laufe des Gesprächs vergessen.

CHINESISCHE SPIRITUALITÄT

Ich hab mir nach diesem Wochenende im Kloster gedacht, ob das nicht überhaupt was für mich wäre. Dieses Spirituelle, Meditative. Ob ich dadurch mein Leben wieder besser auf die Reihe bekäme. Ich habe sogar kurz überlegt, ob ich nicht zum Chinesen gehe. Also religiös. Buddhismus oder was der so anbietet. Diese unglaubliche Weisheit, weil der Chinese hat nicht diese ganzen Ratgeber-Zeitschriften, der hat seine Zensur. Aber der hat trotzdem diese unglaubliche Weisheit, weil der von klein auf diese Glückskekse isst. Und diese Gelassenheit, die uns ja oft fehlt.

Bei uns vor dem China-Restaurant steht eine Buddha-Statue. Der grinst immer. Egal, wann man kommt, der grinst. Wie der Dalai Lama, immer am Grinsen. Ich hab mir schon gedacht: »Wahrscheinlich weiß der, was im Essen wirklich drin ist.«

Ja, die sind anders. Aber die sind gerade. Wenn wir schon über Religion sprechen oder über das Essen, so was wie den Sündenfall hätte es da bei denen auch nicht gegeben. Wir haben das ja noch so in der Schule im Religionsunterricht gelernt, dass mit dem Sündenfall diese ganzen Probleme angefangen haben.
Ich bin jetzt verunsichert. Ich weiß gar nicht, ob Ihnen Sündenfall überhaupt noch was sagt. Das ist das, wo Gott sagt:

»Von diesem Baum dürft ihr nicht essen.« Und dann kommt die Schlange und sagt: »Doch, doch, das geht schon«, und Eva denkt sich: »Na gut, dann brauch ich heute nicht kochen«, oder vielleicht hat sie auch die neue Brigitte-Diät gelesen. Nimmt einen und gibt dem Adam auch einen Apfel. Adam hätte wahrscheinlich lieber was Deftiges gehabt, aber traut sich nicht, was zu sagen, stellt sich an wie der erste Mensch und beißt rein. Und dann rausgeschmissen. Das war im Grunde wie bei mir. Ich sag nur, wenn Adam und Eva Chinesen gewesen wären, die hätten den Apfel nicht gegessen, die hätten die Schlange gefuttert.

Letztes Jahr war ich sehr früh dran mit dem Weihnachtsgeschenke-Einkaufen. Fast mehr als die Hälfte der Geschenke hatte ich schon, bevor die Läden zumachten. Jetzt denken Sie vielleicht, das gehört nicht hierher. Aber ich habe Krippenfiguren gekauft und ein Jesuskind made in China. Obwohl die Chinesen nicht an Weihnachten glauben. Es gibt zwar auch in China Christen, aber die meisten glauben es nicht. Wenn man sieben Tage in der Woche zwölf Stunden in der Fabrik Jesukindlein herstellen muss, kann man am Abend nicht auch noch daran glauben. Trotzdem standen wir dann in unserer Stube besinnlich vor dem chinesischen Jesus. Das Jesukindlein war aus Kunststoff wie Maria, Ochs, Esel, Josef und die Schafe. Alle aus Plastik, das ja wiederum aus Erdöl hergestellt wird, das meistens aus arabischen Ländern kommt.

Der Araber selbst, als gläubiger Muslim, darf keine Figuren herstellen, nicht einmal so kleine, so dass das Weihnachtsgeschäft an ihm völlig vorbeigeht. Deshalb schickt er das Erdöl zum Chinesen, der daraus Krippenfiguren herstellt, vor denen wir besinnlich knien.

Ein Freund von mir hat ein komplettes Krippenfiguren-Set gekauft, bei dem die ganze heilige Familie mit einem Arm winkt wie diese chinesischen Grinsekatzen. Er glaubt, das bringt Glück.

Aber bleiben wir bei Adam und Eva, die ja die Eltern aller Menschen sind. Chinesen, Araber, Europäer ... ja, ja, die Verwandtschaft.

Wie lange sie im Paradies gelebt haben, bevor sie rausgeworfen wurden, ist nicht überliefert. Vielleicht hatten sie es schon satt. Dann wurden sie rausgeschmissen, haben sich umgedreht und vielleicht gesagt: »So schlecht war das da eigentlich gar nicht.«

Also das Paradies war futsch, aber dafür wussten sie jetzt, was gut und böse ist. Falls Sie Ihre Bibel gelesen haben oder es versucht haben und über die erste Seite gekommen sind, dann wissen Sie, dass es gar kein Apfel war. Es war irgendeine Frucht, die angeblich klug machte. Vielleicht war das aber auch nur so ein Spruch von Gott wie: »Iss deinen Apfel auf, damit du morgen klug wirst.«

Vielleicht ist es gut, dass Adam und Eva die Frucht gegessen haben, sonst wüssten wir gar nicht wissen, was gut und böse ist, und könnten keine Hollywoodfilme drehen.

Adam und Eva hatten nur einen Baum der Erkenntnis von Gut und Böse und schon war es mit ihrem kleinen

Paradies vorbei. Wir haben heute ganze Wälder an Bäumen der Erkenntnis. Zeitschriften, Internet, Fernsehen, Bücher, alle versuchen uns zu sagen, was gut und was schlecht ist, wie wir aussehen sollen, schlank, sportlich, modisch, elegant, attraktiv, nett, selbstbewusst und sexy, um nur ein paar Beispiele zu nennen. Und wie unser Partner sein soll. Schlank, sportlich, modisch, elegant, attraktiv, nett, selbstbewusst und sexy, um wieder nur ein paar Beispiele zu nennen.

Diese Äpfel können uns schwer im Magen liegen und dann ist das schönste Paradies kein Paradies mehr. Also passen Sie immer gut auf, in welchen Apfel Sie beißen.

Durch den Yogakurs hat sich Udo sehr verändert. Jetzt sitzt er auf dem Boden und tut nichts.

BETTBEZUG, BURKA UND TOLERANZ

Sie ist ja nicht so religiös. Also wir reden normalerweise nicht über so private Dinge. Aber ich weiß das zufällig von einem Geburtstag von ihr. Sie hat sich ein blaues Kleid gewünscht. Irgendein blaues Kleid. Und ich hab eins gekauft. Ich kenne mich mit Kleidern nicht so aus, sage ich ganz ehrlich, aber ich habe eins gefunden. Das war auch nicht teuer. Und dann hat sie das am Geburtstag ausgepackt und dann war das so, wie sagt man ... Bettbezug. Ich wollt die Situation ein bisschen retten und hab gesagt, das wäre eine Burka. Ich finde, da hätte sie auch ein bisschen mehr Toleranz zeigen können.

Burkas sind diese Betttücher, mit denen manche Frauen herumlaufen. »Bett-tuch« – mit drei »t«, denn sonst wäre es ein Bet-Tuch, was aber auch nicht verkehrt wäre, weil es ja wegen der Religion getragen wird.
Was ist so schlimm an diesen Burkas, dass sie in Frankreich sogar verboten wurden? Freiheit, Gleichheit, Schwesterlichkeit?
Die Burka als Zeichen der Unterdrückung wird verboten, aber das Verbot der Burka empfinden ja wieder manche als Unterdrückung. Ja, mit Freiheit ist das so eine Sache. Gleichheit wäre etwas einfacher.

In Deutschland haben wir mit dem Verhüllen zum Glück weniger Probleme. Verhüllen war ja schon immer auch eine typisch deutsche Tugend. Zum Beispiel Sofa-Schonbezüge. Dadurch wissen wir, dass das Verhüllen keine Unterdrückung ist, sondern eine Ehre fürs Sofa. Durch das Verhüllen zeigt man ja, dass einem das Sofa wertvoll ist. Oder es ist schon so alt, dass man sich dafür schämt.

Nun, wenn ich ehrlich zu Ihnen bin, ich persönlich mag ich es auch nicht besonders, wenn ich so ganz verhüllte Frauen sehe. Lieber sehe ich nicht ganz so verhüllte Frauen, sogar je weniger verhüllt, umso besser.
Und das Verschleiern mag man ja auch irgendwie als eine Anklage an uns Männer empfinden. Als ob alle Männer immer jeder Frau hinterherstarren würden. Das ist übertrieben. »Alle Männer« mag zwar stimmen, aber sie starren nicht jeder Frau hinterher.
Obwohl jede Frau schön ist und auch jeder Mann. Wenn Sie nächstes Mal einen Menschen sehen, der Ihnen unscheinbar vorkommt, schauen Sie kurz weg und glauben Sie, das sei der schönste Mensch auf Erden. Und dann schauen Sie wieder hin und suchen Sie das Schöne in diesem Gesicht. Sie werden staunen.
Hinschauen, wegschauen, wieder hinschauen. So hat es Christo mit dem Reichstag gemacht. Er hat den ganzen Reichstag eingepackt wie ein Paket. Und manche hätten ihn am liebsten auch gleich verschickt. Der Reichstag unter einer Burka, weil der Islam ein Teil von Deutschland sein soll. Aber dann wurde der Reichstag wieder aus-

gepackt und man hat ihn ganz neu und bewusster gesehen.

Vielleicht können wir die verhüllten Frauen als Kunstprojekt sehen, damit wir unsere unverhüllten Frauen wieder bewusst wahrnehmen können.

Vielleicht haben manche auch Angst, dass die Damen unter dem Schleier gar nicht so traurig schauen, wie wir uns das vorstellen, sondern fröhlich die Zunge herausstrecken und »Siehst mich nicht« denken.

Totale Offenheit wird inzwischen als Tugend gesehen. Scham-losigkeit, ich schäme mich für nichts. Das haben uns auch manche Medien eingeredet, die alles von uns wissen wollen. Eine Befreiung aus dem Gefängnis der Scham, und dabei reißt man mit dem Gefängnis unser Haus ein und uns die Kleidung vom Leib und sagt: »Jetzt bist du frei.« Und wir verstecken uns wie Adam und Eva hinter den Büschen, denn wir wissen, dass wir nackt sind. Und die Büsche sind das Fitness-Center und die nächste Diät und die Plastische Chirurgie. Dort versuchen wir unseren Körper zum Verschwinden zu bringen und gegen einen von der Stange zu tauschen. Auch wieder so ein Schleier.

Stellen Sie sich vor, Sie ziehen in den Busch (nicht der Busch in Ihrem Vorgarten, sondern der Urwald) oder an die Ostsee und dort laufen alle Menschen nackt rum. Sie möchten zumindest Ihren Bikini anbehalten, aber das wird von irgendeinem geistig verschleierten Bürgermeister als Unterdrückung Ihrer Person wahrgenommen. Wie viele Zentimeter erlaubt unsere Toleranz?

Keine Sorge, ich bin kein Fundamentalist und ich werde nirgends explodieren. Schon gar nicht auf einer Kabarettbühne, da ist es mir ja schon unangenehm, wenn ich Blähungen habe. Nur meine Gedanken – und ich hoffe, das werden Sie mir verzeihen – werde ich weiter verschleiern, damit sie Ihnen, sehr verehrtes Publikum, unter dem Schleier fröhlich die Zunge herausstrecken können.

Günter war ein
bisschen stolz auf
seine Laktose-
intoleranz.

EIN BISSCHEN GLAUBEN

Ich denk viel nach über diese Sachen. Ich würde schon gern mehr glauben – ich denk mir oft so in stillen Momenten, so Sonntagmorgen, wenn alles so friedlich ist und ich noch im Bett liege und nur die Vögel zwitschern und dann die Glocken läuten, dann denk ich mir oft: »Kann man nicht einmal ausschlafen?« – aber schön wäre es schon, so einen starken Glauben zu haben. So ein starker Glaube, wo man auch mal sagen kann: »Es stimmt zwar nicht, aber ich glaube es trotzdem, weil ich hab einen starken Glauben.«

Man sagt, glauben heißt, nichts wissen. Aber was wissen wir schon? Wir kennen nur einen Bruchteil unserer winzig kleinen Erde. Sie ist ein Staubkorn im Universum, und selbst auf ihr brauchen wir ein Navi, um uns zurechtzufinden.
Um uns herum ist ein unendlicher Raum voller Nichtwissen. Natürlich muss man deshalb noch lange nichts glauben, aber die Religion abzulehnen im Namen der Wissenschaft oder der Vernunft, zeigt vielleicht nur, wie wenig man weiß, dass man nichts weiß. Sie wissen ja, Sokrates der alte Grieche und so.

Manchmal denkt man ja, wenn es Gott geben würde, dann müsste er sich zeigen. Wunder oder so. Wir stellen uns unter Wunder etwas Außergewöhnliches vor. Jesus, der cool übers Wasser läuft mit einer Zigarre im Mund und *Smoke on the water* singt. Dabei ist unsere Welt voll von Wundern. Nur funktionieren diese Wunder so zuverlässig, dass wir sie zu Naturgesetzen erklärt haben. Wir gewöhnen uns an alles.

Manche glauben nicht an Gott, aber an Ufos, und hoffen, dass sie von Außerirdischen besucht werden, ziehen aber einen zwei Meter hohen Gartenzaun um ihr Grundstück, damit der Nachbar nicht vorbeischauen kann.

Und wenn Außerirdische kämen, hätten wir uns auch schnell an sie gewöhnt. Wenn über einer deutschen Stadt Ufos auftauchen würden, würden wir am ersten Tag staunen und am zweiten gäbe es schon Beschwerden wegen Fluglärm.

Vielleicht würden die Außerirdischen über uns noch viel mehr staunen. Zumindest wenn sie von 55 Cancri e kämen. Das ist ein Planet, der etwas größer ist als die Erde, aber zu einem Drittel aus Diamant besteht. Sie bräuchten sich nur ein paar Kiesel von zu Hause einstecken und könnten alles von uns dafür bekommen.

Alles, was selten ist, scheint wertvoll, und alles, was es in genügender Menge gibt, selbstverständlich. So verlernen wir das Wundern, weil die Sonne jeden Tag aufgeht und die Schwerkraft kaum ausfällt.

Dabei gäbe es immer noch Gründe zum Staunen. In unserem eigenen Körper wohnen ungefähr 18 Billionen Lebewesen. Viel mehr als es jemals Menschen auf der Erde gab. Eine enorme Verantwortung. Ob Sie zum Volksmusikfest gehen oder in die Kirche, die müssen immer alle mit.

Und der Körper selbst ist ja auch ein Grund zu staunen, zumindest solange er funktioniert. In der Bibel steht, Gott habe den Menschen aus einem Klumpen Ton geformt. Gott hat also einen Volkshochschulkurs besucht und statt einer Kaffeetasse einen Menschen geformt. Das klingt für mich ziemlich schlüssig. Wenn ich mich in meinem Bekanntenkreis umsehe, sehen viele aus wie selbst getöpfert.

Leider streiten sich die Religionen gerne, obwohl sie ja alle die absolute Wahrheit haben, das müsste doch eigentlich verbinden. Aber selbst die christlichen Theologen waren sich nie richtig einig darüber, wen man jetzt heiligsprechen und wen man verbrennen soll, obwohl sie alle dasselbe Buch haben. Vielleicht weil die Bibel ein Navi ist, das seit 2000 Jahren nicht mehr geupdatet wurde.

Die Welt hat sich verändert und die Theologen halten immer noch die alte Landkarte in den Händen, streiten sich, wie rum man sie halten muss und landen immer wieder in Rom, denn dahin führen alle Wege.

Im Grunde glauben wir doch alle fast das Gleiche. Mehr oder weniger. Man gibt seinen Göttern zwar verschiedene Namen, aber ich glaube, wenn es einen Gott gibt, dann erkennt er sich in allen Namen wieder, und er freut sich über jeden neuen Namen, den er bekommt. So wie Liebende immer neue Namen für sich finden. Ja, man kann fast sagen, sobald man sich keine neuen Namen mehr gibt, hat man aufgehört zu lieben. Dann hat man sich ein Bild gemacht, ist Fundamentalist geworden und sagt nur noch »Schatz« oder »Schatzi«.

Geben Sie Gott oder an was immer Sie glauben jeden Tag einen neuen Namen. Das macht Ihnen Spaß und ihm wahrscheinlich auch.

Meine Tante hat gesagt: »Gott sieht alles und Gott schläft nicht.« Das zumindest glaube ich auch. Wenn ich alles sehen würde, was auf dieser Erde passiert, könnte ich auch nicht schlafen.

Philipp suchte im Internet
eine Religion, die mit
seinen spirituellen Be-
dürfnissen und seinen
Geschäftspraktiken als
Investmentbanker
vereinbar war.

NAHTODERFAHRUNG BEIM ZAHNARZT

Ich denk viel nach über diese Sachen. Ich hatte ja vor zwei Jahren eine Nahtoderfahrung. Ein Nahtoderlebnis. Beim Zahnarzt. Karies! Der wollte mir eine Spritze geben. Der wollte mit dem kalten Metall in das obere Zahnfleisch hineinstechen. Da hat sich meine Seele vom Zahnarztstuhl erhoben. Aber das war so intensiv, dass die den Körper mitgenommen hat. Ich hing praktisch da mit beiden Armen an der Operationslampe. Neben mir der Zahnarzt. Und das war alles ganz klassisch, wie man es sich erzählt oder wie man so liest, Nahtoderfahrung. Das helle Licht, die weiße Gestalt. Und dann ist mein ganzes Leben wie ein Film vor mir abgelaufen. Und das war ein sehr trauriger Film. So viele kleine Kätzchen. Und da wusste ich schon: »Wenn du da wieder runterkommst, dann kannst du nicht so weiterleben wie bisher, du musst dein Leben ändern. Radikal! Du musst dir regelmäßig die Zähne putzen.«

»Nahtod-Erlebnis«. Ich finde schon das Wort erstaunlich. Tod und Leben auf engstem Raum. Erinnert mich an Lebensversicherung. Entweder ich lebe oder ich bin sicher.
Geht das überhaupt zusammen? Heißt es nicht: »Der Tod geht mich nichts an. Entweder ich bin da, dann ist

er noch nicht da, oder er ist da, dann bin ich nicht mehr da«?

Solche Worte würde die Sprache nie aus sich erzeugen, das sind immer künstliche Gebilde, die mit etwas Gewalt zusammengefügt wurden.

Ja, wir werden ihm wohl nie begegnen diesem Kapuzenmann mit Sense. Sterben, ja, das müssen wir, aber das ist immer noch ein Teil vom Leben, und erst wenn das Sterben aufhört, fängt der Tod an. Oder etwas Neues, der Tunnel und das Licht und so, Sie wissen schon. Wenn es danach weiterginge, dann hätte dieser Begriff »Nahtoderlebnis« mehr Sinn. Wenn der Tod ein anderes Leben ist, dann kann ich vielleicht nahe an dieser anderen Welt dran sein.

Nun denn, dann wollen wir es auch verwenden dieses Wort. Schließlich ist es mir schon sehr früh begegnet. In unserem Dorf in Österreich gab es eine kleine Kirche, die dem heiligen Stephanus geweiht war. Stephanus war der erste christliche Märtyrer und hat Lebensmittel und Geld der Jerusalemer Christen an die Menschen verteilt. Heutzutage versteht man unter Märtyrer ja eher Leute, die sich selbst mittels Gürtel unter Menschen verteilen. Stephanus konnte gut reden und als seine Gegner keine Argumente mehr hatten, diskutierten sie mit Steinen weiter. Weder Märtyrertum noch Steinigen sind also islamische Erfindungen, aber das wussten Sie wahrscheinlich schon.

Diese Szene, in der Stephanus gesteinigt wird, hing als überlebensgroßes Bild in unserer Kirche. Überlebensgroß ist vielleicht nicht der passende Ausdruck für eine Sterbeszene, aber Stephanus schien schon in einer anderen Welt angekommen zu sein. Das war sein Nahtoderlebnis. Er sah den Himmel offen. Er kniete mitten unter den Steinen und war – ja, ich kann es nicht anders beschreiben – völlig entspannt und sah dabei auch noch viel besser aus als ich in meiner orangenen Strickweste von Tante Klara.

Diese nicht ganz jugendfreie Szene hat mich als Kind beeindruckt. Mochten die anderen der Predigt zuhören und immer die am lautesten bei Kirchenliedern mitsingen, die es nicht konnten, ich kniete da bei Stephanus. Ja, ich fühlte mich wie er. Alle kleinen und großen Steine, die meine Kinderseele schon getroffen hatten, bekamen hier ihren Sinn. Ja, noch mehr soll es mir wehtun, damit sie ein recht schlechtes Gewissen haben müssen und sehen, was ich für ein Held bin.
Eine gefährliche Droge hat sich da in mein Gehirn geschlichen, während ich Sonntag für Sonntag dieses Bild gesehen habe. Identifizierung mit einem Märtyrer. Wenn später Steine flogen, war ich oft der Erste, der in die Schusslinie ging. Was ist schon ein glückliches, unbeschwertes Leben gegen diesen Superhelden Stephanus?

Dieses Bild hängt übrigens heute noch in einer kleinen Kirche in Leonstein in Oberösterreich. Ich war vor ein paar Jahren noch mal dort, um mit Stephanus zu reden.

Ich musste feststellen, dass der Jünger inzwischen jünger geworden war als ich und besser aussah als je zuvor. Ging mir übrigens auch so mit einem Marienbild.

Wenn ich von der Grundschule nach Hause ging, lief ich manchmal durch einen Wald und da stand eine kleine Marienkapelle. Drinnen ein gemaltes Marienbild. Die Kapelle und das Bild waren aus dem letzten Jahrhundert. Für mich als Kind war es deshalb schlüssig, dass Maria auf dem Bild auch steinalt aussah.

Vor zwei Jahren stand ich wieder vor demselben Bild und plötzlich war die Muttergottes ohne jede Restaurierung oder Photoshop ein hübsches junges Mädchen geworden. Sollte ich den Vatikan einschalten oder hatte mir mein kindlicher Blick einen Streich gespielt?

Herrn Luigi gelang es,
mit Autogenem Training
und einer
Smith & Wesson 44,
seine Angst vor dem
Bohrer großteils zu
überwinden.

GEHWÄGELCHEN

 *Einen Vorteil hatte diese Nahtoderfahrung. Ich habe keine Angst mehr. Tod, Zahnarzt, ich habe keine Angst mehr. Wenn ich ohnehin alles falsch mache, dann gehe ich halt einfach, aber ich meine ganz. Aber das ist auch nicht so einfach.*

Gehen ist nicht einfach. Auch wenn man älter wird. Oder gerade wenn man älter wird. Ich weiß das ja noch von meiner Oma, die hatte ja so ein Gehwägelchen. Heute gibt es das ja viel. Heißt Rollator, oder im Internet wird es schon als Walker angeboten. Klingt besser. »Der Opa ist schon über 90, aber noch jeden Tag zwei Stunden mit dem Walker unterwegs.« Wahrscheinlich vom Schlafzimmer auf die Toilette. Aber es klingt halt besser. Da muss man ihn nicht ins Altersheim abschieben, sondern kann ihn noch bei einer Partnerbörse vermitteln.

Das gab es damals noch nicht. Die Oma hatte, das hieß ... Teewägelchen. Damit ist sie immer bei uns durch den Flur gefahren. In Zeitlupe, Slow Motion, aber pünktlich wie ein Uhrwerk. Da wusste ich als Kind immer: »Ah, die Oma ist schon beim Glasschrank, dann gibt es bald Mittagessen.« Irgendwann hab ich dann gedacht: »Die Zeit vergeht heute so langsam«, aber die Zeit war normal vergangen, die Oma war stehen geblieben. Irgendwann müssen wir alle mal gehen oder in dem Fall stehen bleiben.

Das Teewägelchen meiner Oma war wohl eine frühe Form von Essen auf Rädern. Eine gute Entscheidung, sich an etwas festzuhalten, auch wenn man im Alter eher loslassen sollte.

Wenn Besuch da war und auf dem Teewägelchen die Keksmischung von GUT&GÜNSTIG serviert wurde, wurde Oma zur Immobilie. Ein zweites Teewägelchen wurde aus wirtschaftlichen Überlegungen nicht angeschafft.

Unter dem Einfluss der Wirtschaftlichkeit werden wir ja oft schon in jüngeren Jahren zur Immobilie und bleiben in einem Beruf oder an einem Ort, an dem wir nicht sein möchten. Und wieder andere müssen für eine Arbeit oder eine Agentur für Arbeit ihre Heimat verlassen. Sie sind eher Mobile, Spielzeug für die Wirtschaft.

Die Oma ist noch in D-Mark gestorben. Heutzutage kann man sich sterben kaum noch leisten, und vielleicht werden die Menschen deshalb so alt, weil sie ihrer Verwandtschaft die hohen Begräbniskosten ersparen möchten. Ich glaube, das ist wie bei alten Autos. Bei Reparaturen kann man irgendwann sagen: »Das lohnt nicht mehr«, aber entsorgen muss man das Fahrzeug dann trotzdem. Da ist man in einer Zwangslage und deshalb können Schrotthändler so hohe Preise verlangen. Und Bestatter auch. Das ist wie Sanifair. Wenn Sie in einer Zwangslage sind, können Sie sicher sein, dass jemand eine Toilette baut und Sie ausnimmt.

Mir tut es immer leid, wenn ich ein Auto abgeben muss. Mit meinem letzten war ich zwölf Jahre sehr glücklich, und da soll noch mal jemand sagen, ich sei beziehungsgestört. Es hängen eben viele Erinnerungen an einem Fahrzeug, besonders in den Ritzen der Sitze.

Manchmal sehe ich auf der Straße das gleiche Model wieder und ich habe das Gefühl, meine Vergangenheit fährt vor mir und wird von mir überholt.

Die meisten Menschen, die eine Nahtoderfahrung hatten, sagen, sie hätten keine Angst mehr vor dem Tod. Sie sind durch diesen Tunnel durch und haben ein Licht gesehen. Wie die ersten Zugreisenden, die Todesängste ausstanden, als sie durch Bergtunnel fuhren. Es muss unglaublich gewesen sein, dass man in den Berg hineinfahren konnte und auf der anderen Seite wieder herauskam. Heute haben Bahnreisende nur noch Angst, dass sie im Tunnel keinen Handy-Empfang haben, und nur Kinder empfinden noch die Faszination, die damit verbunden ist.

»Schau mal, ein Tunnel«, sagte eine Schweizer Mama zu ihrem vielleicht vier Jahre alten Jungen irgendwo zwischen Freiburg und Basel, als ich von einem Auftritt nach Hause fuhr. »Schau mal, ein Tunnel«, und sie zeigte nach rechts aus dem Fenster. Der Junge schaute rechts, dann nach links und rief: »Und auf der anderen Seite auch.« Ich fand das wunderbar. Ja, ein Tunnel ist immer von allen Seiten. Das unterscheidet den Tunnel von einer Wand, an der wir nur vorbeigehen. Tunnel heißt, durch etwas ganz hindurchgehen. In etwas ganz eintauchen, von etwas ganz umhüllt sein. Ganz verliebt zu sein, ganz verrückt sein, ganz lebendig sein. Endlich wieder etwas ganz machen und einen Tunnelblick bekommen und vieles nicht mehr sehen, was auch gar nicht immer so wichtig ist. Zum Beispiel die Uhr. Ob sie läuft oder ob sie stehen geblieben ist. Und wer weiß, wenn wir stehen bleiben, mitten im Leben, vielleicht bleibt dann die Uhr auch kurz stehen. Oder zumindest in Zeitlupe durchs Leben gehen und abwarten und Tee trinken mit dem Teewägelchen.

Herr Tezsche hat
seine E-Klasse
gegen einen Rollator
eingetauscht und
ist sehr zufrieden.

CHOLESTERINSENKER UND AUFRICHTER

*Es ist doch seltsam. Wenn man mit den Leuten über das Leben spricht, dann heißt es, alles wird immer teurer, es ist jemand krank, es tut was weh, man hat immer zu viel zu tun und man kommt in das Alter, wo man sich endlich diese superscharfen Flachbildfernseher leisten kann, aber man braucht sie nicht mehr, weil man nicht mehr so scharf sieht. Und trotzdem möchte man nicht sterben.*

Pfizer, der weltgrößte Pharmakonzern, macht mit Cholesterinsenkern einen Jahresumsatz von 27 Milliarden Dollar. Dabei sind Cholesterinsenker medizinisch umstritten. Damit verdienen die mehr als mit Viagra, das auch von denen ist. Pfizer ist das ja egal, ob sich bei Ihnen was senkt oder aufrichtet. Hauptsache, der Aktienkurs zeigt nach oben.

Als mein Vater 50 war, war er sehr alt. Jetzt, wo er 80 ist, bin ich schon fast 50 und er ist viel jünger geworden. Ich dagegen bin fast noch ein Kind.

Es hat etwas Tröstliches, dass die alten Leute unerreichbar alt wirken, solange man selbst noch ein Kind ist. Klar weiß man, man wird jeden Tag älter, aber das Altsein hat einen so großen Vorsprung, dass man denkt, dass man es nie einholen wird. Allerdings merkt man später, dass das

Alter etwas Probleme mit der Orientierung hat und uns auf unserer Spur entgegenkommt.

Wie auch immer wir leben, am Schluss wird das Leben mit dem Tod bestraft. Vielleicht ist der Tod aber auch keine Bestrafung, sondern eine Belohnung und vielleicht das Schönste, was wir jemals erleben werden. Wir kennen ihn ja nicht.

»Todesbelohnung«, das Wort gibt es leider nicht. Todes-strafe schon, ist aber genauso unsinnig. Wie kann man mit etwas strafen, von dem man nicht weiß, was es ist?

Ich habe auch das mit den Henkersmahlzeiten nie ver-standen. Ich könnte nicht mein Lieblingsessen genießen, wenn ich in ein paar Minuten sterben müsste. Ich glaube, ich würde etwas ganz Ekliges wählen oder mir meine ungemachte Steuererklärung bringen lassen, damit ich dann denke: »Ach, lieber sterbe ich.«

Vielleicht würde ich eine doppelte Portion bestellen und dann nicht aufessen. Wenn ich morgen tot bin, sollen die anderen ruhig schlechtes Wetter haben. Für mich gäbe es dann ohnehin kein schlechtes Wetter mehr.

Wenn ich sterben müsste, würde ich mir vielleicht wün-schen, ich könnte noch einmal im Regen spazieren gehen, oder in der Sonne oder im Schnee, das Wetter wäre egal. Noch einmal etwas Sinnloses tun wäre dann schön.

Wenn alles sinnlos geworden ist, bekommt das Sinnlose plötzlich Sinn. Einen Schneemann bauen, wenn ich weiß, dass es morgen tauen wird. Einen Baum an der Stelle pflanzen, an der morgen das neue Parkhaus gebaut wird. Den Joghurtbecher spülen, bevor ich ihn in den Müll werfe. Nein, das nicht, das machen wir ja ohnehin schon. Aber im Elektronik-Markt nach leeren Verpackungen fragen und die zu Hause auspacken und nichts ins Regal stellen. Einen Hund vom Tierheim holen, der nur noch eine paar Wochen zu leben hat, und ihm trotzdem eine Hütte bauen und ihn dann trotzdem im Schlafzimmer schlafen lassen. Alles das würde ich gerne tun, wenn ich es nicht mehr tun könnte. Wenn ich wüsste, dass ich sterben müsste. Aber ich weiß ja, dass ich sterben muss, irgendwann. Warum bloß tue ich es nicht? Vielleicht weil ich denke, dass noch so viel Zeit bis dahin ist?

Jedes zweite Kind, das heute geboren wird, wird schon 100 Jahre alt werden, und ich weiß nicht, ob da die rentenkassenschädigenden Auswirkungen des Rauchverbots schon mit berechnet wurden. Nichtrauchen kann Ihre Rentenkasse belasten.
Wenn jeder zweite Mensch 100 wird, frage ich mich, wer dann die ganzen Renten zahlen soll, und ich sag es gleich und ehrlich: Ich werde es nicht tun. Dann bin ich schließlich schon 146 und möchte langsam etwas langsamer tun.

Ich finde, alle Menschen sollten genau 100 Jahre alt werden. Dann wüssten wir, ab wann wir die Hälfte unserer Lebenszeit verbraucht haben, und könnten uns einfach alles besser einteilen: Den Baum sollte man schon im Kindergartenalter pflanzen, damit man hochklettern und

ein Baumhaus bauen kann, solange man keinen Treppen-
lift dazu braucht. Kind zeugen mit 44 Jahren. Dann ist
man 88 Jahre, wenn die Enkel geboren werden, kann sich
an den Kleinen freuen und ist schon wieder weg, wenn sie
in die Pubertät kommen. Ein Haus bauen mit 99 Jahren
wäre vielleicht etwas spät, aber dafür wüsste man dann,
was man wirklich will.

TIERE IM PARADIES

Aber es bleibt ja was, es bleibt ja was zurück. Wenn man sich vorbereitet, bleibt was. Als meine Tante starb, da gab es zum Leichenschmaus zum Nachtisch einen Kuchen, den hat die Leiche, also die Tante, noch selber gebacken.

Ich denk oft an so Sachen. Auch im Alltag. Wenn ich Eier einkaufe im Supermarkt, dass ich mal sage: »Danke, Huhn.« Vielleicht hört es das ja. Kann ja sein, vielleicht liegt es ja nebendran in der Tiefkühltruhe. Natürlich nicht das ganze Huhn. Die Seele nicht, die ist irgendwo anders. Aber die, also bei einem Huhn sagt man ja nicht die sterblichen, sondern die essbaren Überreste! Die Seele ist woanders.

Kommen Hühner eigentlich ins Paradies? Das sind so Sachen, die weiß man nicht. Wünschen würde man es ihnen ja schon, wenn man schaut, wie sie leben mussten. Aber man weiß es nicht. Die sind ja theologisch nicht so erforscht. Eher kulinarisch.
Bei uns ist eine Imbissbude, wenn man zum Bahnhof fährt, die heißt Rudis Hähnchen-Paradies. Aber das hätten die sich auch anders vorgestellt. Vielleicht waren sie ja böse Hähnchen. Nicht saftig genug.

Kommen Tiere ins Paradies? Will man sie überhaupt wieder-
treffen? Den Hund schon, aber Hühner?
Durchschnittlich isst jeder von uns in seinem Leben 945 Hüh-
ner. Wenn man die alle da oben wiedertrifft und die alle her-
umflattern ... Man ist ja gar nicht mehr so richtig geblendet
von der Herrlichkeit Gottes, weil doch alles immer ein bisschen
bewölkt ist von diesen Hähnchen.

Bleibt wirklich etwas von uns zurück? Ist nicht nach ein
paar Jahren alles verschwunden von dieser Schultafel, die
wir Leben nennen?
Unsere lustigen Strichzeichnungen werden eifrig weggewischt von diesem Klassenstreber, der sich »Das Leben
geht weiter« nennt, und spätestens wenn in ein paar Milliarden Jahren die Sonne die Erde verschluckt hat, wird es
auch egal sein, ob wir unser Auto regelmäßig gewaschen
haben. Ob Sie dann für die Nachwelt eine Sandburg
gebaut haben oder eine Pyramide, spielt auf lange Sicht
gesehen keine Rolle.

Bleibt etwas? Ja, es bleibt etwas zurück. Wenn einmal das
ganze Universum in sich zusammenfällt auf den Punkt,
den es beim Urknall hatte, oder sich so lange ausdehnt,
bis alle Atome einzeln durchs All fliegen, es bleibt etwas.
Von Ihrem Leben bleibt, dass Sie es gelebt haben. Nichts
kann jemals das wieder ungeschehen machen, was Sie
in diesem Moment tun oder denken. Probieren Sie es
aus. Denken Sie etwas Nettes über Ihren Nachbarn. Zu
schwierig? Na, dann vielleicht über Ihren Partner oder

über sich selbst oder über Ihre Nachttischlampe. Tun Sie es. Jetzt.

Haben Sie es getan? Sehen Sie, für immer wird es eine Tatsache bleiben, dass Sie das in diesem Moment gedacht haben. Auch Morgen wird es noch wahr sein, dass Sie das heute gedacht haben, und übermorgen und nächstes Jahr wird es immer noch stimmen. Und wenn Sie sich selbst nicht mehr daran erinnern können, wird es immer noch eine Realität sein, die dauerhafter ist als das Universum. Was geschehen ist, kann nie mehr nicht geschehen sein. Die Spuren davon werden weggewischt, aber die Tatsache, dass es gewesen ist, bleibt. Also, dann los. Malen Sie lustige freche fröhliche Dinge auf diese Tafel, die Ihr Leben ist.

Bleibt etwas zurück? Wenn man glücklich ist, wird man diese Fragen ohnehin kaum stellen.

Seien Sie glücklich trotz unerfüllter Wünsche. Die hat der Dalai Lama auch und der lächelt trotzdem. Und wenn man verliebt ist, bekommen Evolution oder Schöpfung oder sogar das fliegende Spaghetti-Monster auch plötzlich einen Sinn. »Allein dafür, dass dieser Mensch entstanden ist, hat sich schon alles gelohnt«, denkt man dann für einige Zeit. So sollten wir über uns selbst denken. Es gab noch nie vor uns einen Menschen, der so war wie wir, und es wird auch nach uns nie wieder einen solchen geben. Und jetzt sind Sie da. Wäre doch schade, uns nicht zu lieben.

Die armen Hühner. Sie müssen Tag für Tag in engen Behausungen ohne Tageslicht leben wie sonst nur Jugendliche vor ihrer Spielkonsole. Dann kommen sie endlich in den bunten Supermarkt, dürfen im Einkaufswagen durch die Gänge sausen, werden mit dem Auto durch die Stadt gefahren und dürfen sogar am Tisch mit dabei sein. Leider ist es – und das ist das Tragische bei Hühnern –, wenn sie endlich etwas erleben, schon zu spät. Eine ähnliche Lebensplanung, wie wir Menschen sie ja auch oft haben. Irgendwann werde ich mal alles tun, was ich noch nicht getan habe, aber immer schon mal tun wollte, könnte, sollte ... aber wer weiß, vielleicht haben wir nur dieses eine Leben und jetzt ist schon wieder August.

Während Trude an ein
Weiterleben als Chicken
Wing glaubte,
glaubte Gustav an
eine Existenz mit
Curry und Reis.

STERBEHILFE

 *Das Gehen ist nicht leicht. Man kann es sich leichter machen, wenn man von allem zu viel hat. Sorgen und so, dann kann man in die Schweiz und sich selber entsorgen.*

Wie heißt das? DIGNITAS. Aktive Sterbehilfe. Kennen Sie das? Schon mal überlegt, für sich oder als Gutschein für einen lieben Menschen?

Ich empfehle das nicht. Das ist ja auch in der Schweiz nicht erlaubt, das ist einfach nur nicht verboten. Die sind neutral die Schweizer, wie immer. Deshalb ist das so halblegal auf irgendwelchen abgelegenen Autobahnrastplätzen.

Das ist dann wieder ein humanitäres Problem. Sie müssen da ja erst mal hinkommen, das heißt, Sie müssen die Autobahnvignette der Schweiz für ein ganzes Jahr kaufen, brauchen sie dann aber ja gar nicht mehr.

In Deutschland ist es verboten. Da ist das wie mit der Mülltrennung. Sie dürfen Ihr Leben nicht am Stück wegwerfen. Nur in Einzelteilen, für den Beruf, für das Haus, für die Beziehung, aber am Stück ist es verboten.

Dignitas bedeutet Würde. Würde und Stolz stehen eng beieinander. Enger als der alte Wilhelm Tell und sein Sohn beieinanderstanden, als er lieber auf diesen schoss, als auf seine Würde zu verzichten. Nein, er hat nicht auf den Spross geschossen, sondern auf den Apfel, aber er hätte die Birne treffen können, also die vom Sohn, und ein guter Vater macht so was nicht. Werden Sie in keinem Pädagogik-Lehrbuch finden. Einen Apfel kann man auch mit einem Schweizer Messer in zwei Hälften teilen, dazu braucht es keinen Pfeil.

Gute Eltern kaufen ihren Kindern ein echtes Schweizer Messer, um einen echten argentinischen Bioapfel beim Schulausflug in zwei Hälften zu schneiden. Zugegebenermaßen eine sinnlose Tätigkeit, die nur von Tanten ausgeübt wird – Obst in zwei Hälften schneiden, bevor man es isst. Eine genetisch gesteuerte reflexhafte tantenartige Tätigkeit, die wahrscheinlich aus der Zeit stammt, als Adam und Eva, oder wie die ersten Menschen hießen, den Apfel noch nicht entdeckt hatten und sich statt von Obst nur von Tieren ernährten, die sie erst töten mussten, damit sie beim Essen nicht weglaufen. Sie hatten damals zwar kein Schweizer Messer, aber den Faustkeil, und der Faustkeil war das Schweizer Messer der Steinzeit, ein Allzweckwerkzeug, aber ohne Korkenzieher und Fischschuppenreiniger oder wie das Ding mit dem Loch heißt, das kein Mensch braucht.

Den Faustkeil gibt es seit 1,75 Millionen Jahren. Lange bevor sich Gott die Geschichte mit Adam und Eva ausgedacht hat, bekamen die Steinzeitkinder zur Firmung oder Konfirmation einen Faustkeil geschenkt. Man konnte damit Mammuts portionieren, sich die Fingernägel reinigen und sie sogar zur mobilen Kommunikation verwenden, indem man sie dem Nachbarn an die Birne warf.

Wer den Faustkeil erfand, weiß man nicht, wahrscheinlich auch ein Schweizer, und der erste Mensch war kein Neandertaler, sondern ein Emmentaler.

In der Altsteinzeit, das ist die älteste Steinzeit, also selbst für eine Steinzeit sehr alt, waren die Faustkeile eigentlich nur spitze Steine. Das war sehr praktisch. Man konnte auf dem Weg zur Konfirmation einfach einen Stein aufheben und schon hatte man ein Geschenk. Später wurden die Faustkeile immer raffinierter und entwickelten sich über das Schweizer Offiziersmesser bis hin zum 16-teiligen Messer-Set aus 1-2-3.tv, und seit die Menschen auch noch Gabel, Schere und Licht erfunden haben, schenken sie gar keine Messer mehr, weil das nichts für kleine Kinder ist.

DIGNITAS sind die nicht getroffenen Nachkommen von Wilhelm Tell, die aber nicht auf den Apfel zielen, sondern tiefer. Die andere Sterbehilfe-Organisation heißt EXIT. Also Vorsicht in der schönen Schweiz, nicht dass Sie meinen, Sie würden nur eine Autobahnausfahrt nehmen.

Auch der alte Sokrates hat den Giftbecher freiwillig getrunken, sonst wäre er noch älter geworden. Er war zwar nicht lebensüberdrüssig, aber er wollte seinen Prinzipien treu bleiben, und die Schweiz war zu weit.

Vielleicht ist es gut, wenn man zum Freiwillig-Sterben weit fahren muss. Man hat noch Zeit zum Überlegen.

Manche haben eine Waffe zu Hause und das ist viel gefährlicher. Da reicht schon eine traurige Liebe wie beim jungen Herrn Werther, oder man verliert seinen Job oder einen Weltkrieg und schon drückt man ab.

Vielleicht wäre eine Busreise geeignet. Last Minute. Man trifft andere Menschen, denen es ähnlich geht, und man sieht gemeinsam diese grünen Heidi-Wiesen und bekommt doch noch einmal Lust, sich gemeinsam ins Gras zu legen oder es zumindest zu rauchen, statt hineinzubeißen.

Sind eigentlich in der Schweiz die Züge pünktlicher, weil sich nicht so viele Menschen davorwerfen müssen?

Ralf B. machte es
diebische Freude,
jeden Tag sein
Grab zu besuchen.

BEERDIGUNG

Manchmal stelle ich mir das vor, dass mein Geburtstag wäre und ich wäre nicht da, sondern ich wäre in der Schweiz. Wenn sie mit dem Geschenk kommt, meine Frau mit diesem »Schau, ich hab ihn nicht vergessen«-Blick, dann wäre ich in der Schweiz. An meinem Geburtstag. Das sähe auch schön auf meinem Grabstein aus. Zweimal dasselbe Datum, nur ein paar Jahre dazwischen. Das gäbe auch eine superschöne Beerdigung. Es wären ja alle Leute da, ich lade die vorher schon ein, ich weiß ja, wann ich in die Schweiz fahre. Und dann stehen sie alle da, und wenn es dann zu spät ist, dann tut es ihnen leid. Die von der Bank, das wären die Ersten. Dann stehen die da und sagen: »Warum haben wir ihn entlassen? Er hat doch nie etwas getan.« Und sie schalten Traueranzeigen: »Wir bedauern den Tod von« – nein, nicht: »Wir bedauern«, »Wir bereuen«! »Wir bereuen den Tod von Stefan Waghubinger, weil wir daran schuld sind.« Oder einfach ein Holzkreuz, mein Name und darunter ein schlichtes »Wir fühlen uns schlecht«. Und der Pfarrer sagt: »Wir trauern heute um Herrn Stefan Waghubinger, und ich sage bewusst ›Herr‹, denn er war ein Mann.« Und in meiner Jackentasche findet man einen Zettel und der ist für meine Frau und da steht drauf: »Schau mal in meinen Kleiderschrank, hinter den Unterhosen«, und da findet sie ihr Geschenk und denkt: »Er hat es doch nicht vergessen.« Und dann sagt meine

Frau: »So«, einfach nur: »So«, und andere Leute sagen: »Ja, ja« oder: »Mmm«, und dann gehen sie. Und manche sagen gar nichts, aber gehen tun sie alle.

Das Schöne an der eigenen Beerdigung ist ja, dass man sie mit ganz vielen Freunden und Verwandten und Bekannten feiern kann, ohne dabei Stress zu haben. Bequem steht man oder liegt man im Mittelpunkt, wird herumgetragen und alle reden schöne Sachen über einen. Und wenn alles fertig ist, muss man nicht selber aufräumen.

Schade, dass man das nicht früher erlebt. Ich hätte nichts dagegen, so ein Fest schon heute zu feiern. Wenn ich tot bin, könnten sie mich dann kommentarlos entsorgen. Geht mich dann ja nichts mehr an.

Besonders würde ich mich auf die Trauerreden freuen. Jeder dürfte reden so viel, wie er will, solange er sich wirklich Gedanken um mich gemacht hat. Und der Pfarrer könnte am Schluss der Beerdigung zu den anwesenden Damen sagen: »Sie dürfen den Toten jetzt küssen.«

Geburtstag ist mir zu viel Stress. Was soll man daran auch feiern? Das vergangene Jahr? Weil man froh ist, dass es vorbei ist? Das neue Jahr kann man noch nicht feiern, man weiß ja noch nicht, wie es werden wird.

Hochzeitstag ist auch so was. Wenn man den intensiv feiert, hat das so was von: »Toi, toi, toi, den Sekt haben wir uns jetzt aber auch wirklich verdient.«

Die Beerdigung wäre wirklich ein Grund zu feiern. Wenn man einigermaßen anständig gelebt hat und beim Schummeln mit der Steuer nicht erwischt wurde, wird sich da jetzt nichts mehr dran ändern. Alles in trockenen Tüchern. Die Wanderung ist vorbei, die Tür ist zu. Hinsetzen, ausruhen, ein Bier trinken. Die Mutter aller Pausen. Schade, dass man das nicht mehr erlebt.

Ob es ein Gewinn oder Verlust wäre, wenn ich nicht mehr da bin? Ich meine, für die anderen? Also abgesehen von »Man hat sich an ihn gewöhnt« und »Ein Mensch ist ein Mensch« und »Bla, bla, bla«.
Mach ich irgendwas besonders gut? Ich kann zuhören, rede nicht dazwischen, wenn jemand was erzählt, aber das kann ich vom Grab aus auch noch erledigen, die Leute müssen nur zum Friedhof kommen. Dort erzählen sie ihre Geschichten und glauben, die Toten interessierten sich dafür, was die sogenannten Lebenden erlebt haben, weil sie ja an dieser Welt nicht mehr teilnehmen können. Dann erzählen sie von Liebe, Job und Krankenhaus, statt schweigend vor den Gräbern zu stehen und genau hinzuhören, ob ihnen die Verstorbenen nicht etwas zu erzählen haben über diese Welt und vielleicht noch über die nächste.

Ich hätte gerne einen Stein. Nicht allzu bearbeitet und glänzen soll er auch nicht. Mit einem Spruch von mir selber. Schön wäre, wenn etwas sehr Kluges, das ich mal gesagt habe, dort auf dem Grabstein stünde. Leider habe ich bisher noch nichts sehr Kluges gesagt. Jedenfalls möchte ich nicht, dass ein Spruch von Goethe oder Schiller draufsteht, wenn es doch mein Grab ist.

Und ein Foto hätte ich gerne, wie es in den Alpenländern und in Bayern oft noch üblich ist. Ein Foto von mir auf dem Grabstein oder auf dem Holzkreuz. Das hätte ich gern. Ich sehe auf Fotos nie besonders vorteilhaft aus, aber in diesem Fall sähe ich wohl immerhin besser aus als in Wirklichkeit und das wäre doch auch schon was.

»So«, würden sie sagen, und dann würden sie Kaffee trinken gehen. Und morgen ist ein neuer Tag.

Als Hagen R. aus Jux auf Facebook postete, er wäre gestorben, hatte er nicht mit so vielen „Gefällt mir" gerechnet.

UNGLAUBLICH HELLES LICHT

Und ich selber, ich bin ja gar nicht da unten in der Grube. Ich bin über allen. Ich steh vor diesem unglaublich hellen Licht, und eine unendlich große Stimme spricht zu mir, die ruft mich: »Stefan, Stefan, komm«, aber ich zögere noch. Und die Stimme sagt noch mal: »Stefan, Maria schimpft mit uns!« Aber ich reiß mich noch mal los, weil ich will ja sehen, wie sie auf meiner Beerdigung alle weinen. Und da stehen sie alle, und meine Frau ist auch da. Und das ist komisch, aber jedes Mal, wenn ich mir das vorstelle, dann stell ich mir vor, sie würde wirklich weinen. Vielleicht über das, was gewesen ist, oder vielleicht über das, was nicht gewesen ist. Und ich glaube, ich würde auf ihrer Beerdigung auch weinen.

Ist verrückt, ich glaube, wir hätten gut Freunde werden können, wenn nicht immer die Liebe zwischen uns gestanden hätte. Ich glaube, wir verletzen den anderen mehr, als er sieht, aber wir geben ihm auch mehr, als er sieht.

Ich hab das mal geträumt, ich wäre tot, und das war mir unangenehm, weil ich hatte die Woche davor erst die Steuer fertig gemacht, und das wäre dann ja gar nicht mehr nötig gewesen. Ich mag Steuererklärungen nicht besonders. Das ganze Jahr über baut man Müll und dann muss man ihn auch noch versteuern.

Man stellt sich das immer so vor, dass man nach oben schwebt. Aber das stimmt leider nicht. Zumindest in meinem Traum war es eine Treppe. Keine Rolltreppe, eine Steintreppe. Und ich musste mich praktisch selber Stufe für Stufe nach oben schweben.

»Das fängt schon gut an«, dachte ich, aber immerhin ging es nicht nach unten, und sehr weit oben war auch etwas Goldenes zu sehen. Nach vielen Pausen stand ich vor einem riesengroßen Goldhamster in einem fast unendlich großen Hamsterrad. Das Rad der Zeit oder das Rad der Geschichte, ich wusste es nicht.

Ich setzte mich auf die oberste Treppenstufe und wartete. Ich war erschöpft.

»Das war es also«, dachte ich, »mein Leben. Wie im Kleinen, so im Großen. Das Leben ein Hamsterrad.«

Ich wartete zwei Tage, dann war Sonntag und der Hamster stieg aus dem Rad und verwandelte sich in einen alten Mann mit weißem Bart und kam zu mir und zeigte auf die Treppenstufe und fragte: »Ist hier noch was frei?« Und ich sagte: »Frei ist hier schon lange nichts mehr.« Darauf schmunzelte der alte Herr und sagte: »Du meinst wohl die Prädestinationslehre, Calvinismus und so«, und ich sagte: »Nein, ich meine Frauenzeitschriften, *Cosmopolitan* und so.«

Wir schwiegen. »Du hast immer schon geschwiegen«, sagte ich zu ihm. »Nun«, sagte er, »ihr hattet doch meine Stellvertreter. In allen Religionen habt ihr Priester und Prediger und Gurus.«

Dann setzte er sich so würdig zurecht, wie es auf einer Treppenstufe möglich ist, und sagte: »Siehe, Gott schweigt, aber seine Stellvertreter reden.« »Umgekehrt fände ich es besser«, dachte ich mir, aber ich sagte es nicht, weil meine jüngste Gerichtsverhandlung ja noch ausstand.

Jetzt tat es mir leid, dass ich kein religiöseres Leben geführt hatte. Hat sich irgendwie nie so richtig ergeben. Zu mir kamen ja nicht mal die Zeugen Jehovas. Habe die ohnehin schon lange nicht mehr gesehen und glaube, dass die fast nur noch auf Kabarettbühnen vorkommen. Der bofrost-Mann kam regelmäßig, aber die Gespräche über Brokkoli-Pizza halfen mir hier auch nicht weiter.

Zum Glück habe ich nie jemanden umgebracht und nie was geklaut. Ich wollte einmal eine Straßenlaterne klauen, aber die war an einem Fahrrad festgebunden oder umgekehrt, ich weiß nicht mehr, ich war etwas aufgeregt. Die anderen Gebote waren mir grad nicht geläufig, aber ich hoffte, dass nichts mit »Geburtstag vergessen« dabei war.

»Wirst du mich bestrafen?«, fragte ich. »Wozu?«, sagte Gott, »Ihr lernt doch sowieso nichts.« »Aber die Hölle?«, fragte ich. »Jesus meinte die Müllberge vor der Stadt. Ein Bild, verstehst du? Wenn dein Leben dir oder anderen nichts bringt, dann ist es Müll. Konnte gut reden, der Junge«, sagte er mit ein wenig Stolz in der Stimme. »Aber ich bin Gott und als Gott muss man Entscheidungen treffen. In deinem Fall Restmüll oder ...« – »Nein, nicht Restmüll«, rief ich, »ich will leben. Irgendwas anderes, was wiederverwertet wird, vielleicht Papiermüll.« Und Gott sagte: »Gut, so sei es, du wirst wieder-

geboren als Frauenzeitschrift.« Und ich sagte: »Gott sei
Dank, dann werde ich endlich mal ernst genommen.«
Eines musste ich noch fragen: »Das Rad – bist du wirklich
ein ... Hamster?« Gott lachte und sagte: »Ich erscheine
nur jedem so, wie er gelebt hat, aber glaub mir, ich wäre
froh, wenn es mehr Menschen gäbe, die an einen Gott
glauben, der lachen und singen kann«, und dann klet-
terte er wieder in das riesige Rad.

Norbert hatte immer gedacht, er könnte dann schweben oder es wäre zumindest eine Rolltreppe zum hellen Licht.

ENTSCHULDIGUNGSBRIEF

 *Vielleicht sollte ich wieder nach Hause gehen, ich kann ja auch nicht ewig hier bleiben. Das Bier ist auch schon wieder leer. Wissen Sie, ich weiß, dass ich schon viele Fehler gemacht habe, aber noch nicht alle. Vielleicht sollte ich einfach weitermachen. Es muss ja weitergehen.*

Vielleicht ist inzwischen eh schon wieder alles gut. Ich habe ihr ja einen Entschuldigungsbrief geschrieben, bevor ich weggefahren bin. Den hab ich auf den Tisch gelegt, sie war ja nicht da. Das war eigentlich fast ein Liebesbrief, weil ich hab den richtig mit der Hand geschrieben. Wie früher. Romantisch. Und ganz lang. Also jetzt nicht direkt eine Doktorarbeit, aber die Vorlage trotzdem aus dem Internet abgeschrieben: 1000 Briefe für jede Gelegenheit. Ich hab nur dummerweise am Schluss nicht aufgepasst und da hab ich zwei Wörter falsch geschrieben. Das ist mir erst aufgefallen, als ich schon unterwegs war. Ich hoffe, das ist nicht so schlimm. Ich habe versehentlich mit Max Mustermann unterschrieben.

So jetzt haben wir aber schön miteinander geplaudert. Wollten Sie auch was sagen? Nein? Dann ... Guten Abend.

Nach Hause gehen. Ja, manchmal bin ich müde und möchte nach Hause gehen. Ich würde Sie ja gerne mitnehmen. Dann könnten wir uns in den Garten setzen, eine Flasche Wein aufmachen und über den Sinn des Lebens plaudern. Und wenn wir ihn nicht finden, könnten wir eine zweite Flasche öffnen. Wir würden uns die Welt erklären, bis der Wein unser Weltbild und uns ins Schwanken bringt und wir über Dinge lachen, über die wir auch gemeinsam weinen könnten.

Gut geweint, ist ja halb gelacht. Vielleicht würden wir irgendwann herumalbern wie kleine Kinder und damit wären wir bei der dritten Flasche und vielleicht schon ziemlich nahe beim Paradies. Sie wissen ja, das Paradies ist die verlorene Kindheit, Nimmerland oder »Wenn ihr nicht werdet wie die Kinder« und so. Das Paradies, dass wir noch Fehler machen durften und jemand hinter uns hergelaufen ist und unser Fahrrad gehalten hat.

Eine Kindheit ist ja nicht immer ein Paradies, aber es wäre schön, wenn sie es wäre.

Ich würde Ihnen vielleicht von Max erzählen. Als ich klein war, hatten wir einen Kater, der hieß Max, und meine Eltern eine Betonwarenerzeugung. Die Herstellung der Ziegel war zwar einfach, aber schweißtreibend. Wasser, Sand und Zement wurden in eine Form gegossen und in der Sonne getrocknet. So standen die Ziegel auf einem freien Platz neben unserem Haus und sahen aus wie 1000 Sandkuchen. In den ersten Stunden waren sie auch genau so zerbrechlich, weil der Zement noch nicht ausgehärtet war.

Im Gegensatz zu uns Kindern zeigte Max, die Betonwarenerzeugerkatze, schon früh Interesse für das Familienunternehmen und ging gerne mal über die feuchten Ziegel spazieren. Katzen wollen ja immer auf neue Sachen steigen. Manchmal zerfiel ein einzelner Ziegel unter seinen Pfoten, aber wir wollen ja alle Spuren für die Nachwelt hinterlassen.

Elegant wie eine Katze lief die Katze weiter über den zerbrechlichen Hauch von zukünftiger Festigkeit. Es hatte etwas Überirdisches, und etwas Überirdisches hatte auch das Geschrei meines Vaters, wenn er sie dabei entdeckte. Max begann dann in Panik zu springen und hatte nun eher Ähnlichkeit mit diesen amerikanischen Grizzlys im Tierfilm, wenn sie bei sehr dünnem Eis flussaufwärts auf Lachsfang gehen. Max war nicht auf Lachsfang, hatte aber wohl den einen oder anderen Thunfisch zu viel gegessen. Es war ein einziges Einbrechen, Springen, Einbrechen, wieder Springen. Er hinterließ Spuren wie die Amerikaner im Mittleren Osten, und ebenso wie diese hatte er keine geordnete Rückzugsstrategie. Er war allerdings klug genug, auf dem Betonfeld zu bleiben, weil ihn mein Vater dort nicht erwischen konnte.

Dummerweise änderte Max bei jedem Brüller meines Vaters, des Katzenflüsterers, die Richtung. Das ergab nicht nur viele kaputte Ziegel, sondern manchmal auch ein recht interessantes Muster. Ein Max Mustermann könnte man fast sagen.

Manchmal laufe ich durchs Leben wie Kater Max auf frischen Betonziegeln. Vielleicht geht von Zeit zu Zeit etwas kaputt, aber es könnte ganz gut gehen, es wäre nicht so schlimm. Nur schreit mich von Zeit zu Zeit eine Stimme von außen oder innen an und sagt: »Geh weg da«, »Mach es besser«, »Streng dich an«, und dann beginne ich zu hüpfen wie Max und werde zu einem Max Mustermann. Weil ich selber nicht mehr weiß, was richtig ist, werde ich eine Kopie und sehe dabei scheiße aus. Zurück bleiben dann kaputte Ziegel und ein kleines Trümmerfeld in meiner oder anderen Seelen.

Vielleicht bestünde das Paradies darin, Fehler machen zu können, ohne daraus vertrieben zu werden. Nackt sein, ohne sich zu schämen. Ist hier noch was frei?

DANKSAGUNG

Liebe Leserin, lieber Leser,

»Ist hier noch was frei?«, habe ich am Anfang gefragt, und ich möchte mich jetzt am Schluss bei allen bedanken, die mir die Freiheit geschenkt haben, dieses Buch zu schreiben.

Da ist einmal der Verlag WortArt, der bereits eine CD von meinem Kabarettprogramm *Langsam werd' ich ungemütlich!* veröffentlicht und jetzt auch noch dieses Buch gewagt hat. Besonders bedanke ich mich bei Judith Ngo, die die Produktion leitete, bei Anke Rose und Renate Kampmann, mit denen im Frühjahr 2012 bei einem Kaffee auf der Freiburger Kulturbörse die Idee dazu entstand, und bei meiner Agentin Anke Köwenig, die auch dabei war und von der nicht nur der besagte Kaffee stammte, sondern die mir auch als Künstler immer den Rücken frei und den Kalender voll hält.

Danke an Andrea Waghubinger für die wunderbaren Cartoons und danke an Josua, Michael und Sarah Waghubinger, die das Manuskript als Erste gelesen haben, und an Julia, die noch zu jung ist, dafür, dass sie es nicht gelesen hat.

Danke an Jess Jochimsen und Olaf Reuter, die mich auf einer Schiffsreise begleitet haben, auf der ein großer Teil dieses Buches entstand. Ihnen danke ich stellvertretend für alle Freunde, die mich gelehrt haben, laut zu denken.

Dank nicht zuletzt an meine Lektorin Dr. Birgit Wüller und ihren großen Vorrat an Kommas, die sie dem Buch großzügig dort zur Verfügung gestellt hat, wo ich welche vergessen habe.

Schließlich möchte ich noch allen danken, die auf irgendeine Weise in diesem Buch vorkommen. Allen Menschen, aber auch der Natur, die uns viel zu sagen hat, aber trotzdem keine Bücher schreibt, und Gott, der oft schweigt, aber ein sehr erfolgreiches Buch geschrieben hat.

Stefan Waghubinger, Korntal bei Stuttgart, August 2013

© 2013 WortArtisten GmbH, Köln
2. Auflage 2018

Projektkoordination: Judith Ngo
Lektorat: Dr. Birgit Wüller
Layout und Satz: Friedemann Weise, inbeige
Umschlaggestaltung: Friedemann Weise, inbeige
Umschlagfoto: © Olaf Bossi
Druck und Bindung: CPI books GmbH, Ulm

Printed in Germany
ISBN: 978-3-942454-05-6